AF547101

WELT SICHT

im Osten Europas

Eine Forschungsarbeit
von
Jacqueline Mischer

finanziell gefördert von der

DR.-ING.-HANS-JOACHIM-LENZ-STIFTUNG
STIFTUNG ZUR ERNEUERUNG GEISTIGER WERTE

AM MICHELSBERG 1 • D-55131 MAINZ
TEL.: 06131/832255 • E-POST: INFO@LENZ-STIFTUNG-MAINZ.DE

ISBN 978-3-938088-49-4
1. Auflage März 2017

Bibliografische Information der Deutschen Nationalbibliothek:
Die Deutsche Nationalbibliothek verzeichnet die Publikation in der Deutschen Nationalbibliographie; detaillierte bibliographische Daten sind im Internet über http.//portal.d-nb.de abrufbar.

Grafische Gestaltung
Buchblock: Hans Jürgen Wiehr
Umschlag: Hans-Joachim Lenz

Printed in Germany
Druck und Vertrieb:
BoD - Books on Demand, Norderstedt

Inhaltsverzeichnis

Für alle Unterstützung, die mir bei meiner Arbeit zuteil wurde, möchte ich herzlich danken.

Herrn Prof. Dr. Frank Göbler bin ich zu besonderem Dank verpflichtet. Seine Vorlesungen zur Kultur- und Geistesgeschichte Russlands im Wintersemester 2015/2016 und zur russischen Literaturgeschichte II im Sommersemester 2016 an der Universität in Mainz gaben meinem Forschen hilfreiche Anregungen. Bei allen Fragen stand er mir hilfreich zur Seite.

Im Frühjahr 2016 nahm mich Herr Prof. Dr. Rainer Goldt in die Forschungsgruppe „Russische Philosophie" auf, was mich als Laie zu weiterem Forschen motivierte. Für das entgegengebrachte Vertrauen, die anregenden Gespräche, die hilfreichen Hinweise und den Unterricht in russischer Sprache bin ich ihm zu großem Dank verpflichtet.

Mein tiefster und aufrichtiger Dank gilt Herrn Dr.-Ing. Hans-Joachim Lenz, dem Stifter und Vorstand der Lenz-Stiftung, auf dessen Initiative der Vortrag im Jahre 2006 und die Dokumentation ab 2015 entstanden sind. Ihm danke ich in besonderem Maße für die kritische Durchsicht des Manuskriptes und die vielen wertvollen stilistischen sowie auch sachlichen Hinweise.

Zu Dank verpflichtet bin ich für die administrative Bearbeitung des Projektes in der Lenz-Stiftung durch Frau Marie-Therese Hartogs und Frau Dr. Gabriela Wolf. In besonderem Maße danke ich Frau Dr. Wolf für die ermutigenden Worte und den philosophischen Austausch. Dank gehört ebenfalls Herrn Jürgen Wiehr für die grafische Gestaltung des Buches. Mein Dank gilt auch den Spendern, die die Stiftung mit Fördermitteln auf vielfältige Weise unterstützen.

Dank gebührt ebenso den Autoren der zitierten Bücher, die ich mit großem Interesse las. Auch allen Bibliotheken habe ich zu danken, die sämtliche Bücher und Artikel bereitstellten.

Für die Zeit meines Forschens möchte ich ebenfalls meinen lieben Nachbarn Christine, Andreas und Helene für ihr Verständnis und ihre Rücksichtnahme danken.

Zum Schluss geht mein Dank an alle nicht namentlich Genannten, die an der Entstehung dieses Buches auf verschiedenste Weise durch Rat und Tat mitgewirkt haben.

Mainz, den 02.03.2017
Jacqueline Mischer

„Mit dem Verstand kann man Russland nicht begreifen,
Mit einem allgemeinen Längenmaß nicht ausmessen:
Es hat eine besondere Gestalt,
An Russland kann man nur glauben."

Fëdor I. Tjutčev

1 Die Wurzeln

In den weiten Ebenen Osteuropas, von Flüssen und Seen durchwoben, von gewaltigen Gebirgen begrenzt, ist über Jahrtausende eine Kultur entstanden, die sich von Entwicklungen im Westen Europas in allen wesentlichen Elementen grundsätzlich unterscheidet. Und das betrifft nicht nur die Sprache, sondern alle kulturellen und ideellen Ausdrucksformen menschlichen Seins. Den Wurzeln dieser eigenständigen und sich von Entwicklungen im Westen Europas unterscheidenden Kultur wurden in dem Werk *Mutter oder Göttin*[1] nachgespürt. Die Untersuchung der einzelnen kulturellen Elemente wie Sprache, Kunst, Geschichte, Funde und Überlieferungen hat schließlich auch zu der Frage geführt „*Mutter oder Göttin?*" Dieses vorherrschende und sich vom eher väterlichen Westen unterscheidende Merkmal, eine weibliche Gestalt, als Mutter oder Göttin kaum unterscheidbar, scheint eine der wesentlichen Motivationen zu sein, die eine eigene und differenzierte Kultur hervorgebracht haben, wie sie sich heute darstellt. Die Entstehung dieser eigenständigen kulturellen Ausprägung kann in ihren Anfängen zurückverfolgt werden bis in die frühen Jahrhunderte nach der Zeitenwende.

185-254
Origenes, Mönch der Ostkirche

204/205-270
Plotin, Neuplatoniker

Nach allgemeinem Verständnis beginnt die Geschichte Russlands mit der so genannten Kiever Rus' ab dem 9. Jahrhundert n. d. Zt., der ersten Staatengründung. Davor bewohnten unzählige Stämme unterschiedlicher Herkunft und Sprache das riesige Gebiet, dem die vorliegende Untersuchung gewidmet ist. Aus Überlieferungen und Aufzeichnungen lassen sich zahlreiche Namen dieser Stämme, wie z. B. Sarmaten, Goten, Hunnen, Avaren, Bulgaren, Chasaren, Slaven, Magyaren, Armenier, Georgier sowie im Norden Balten und finnisch-ugrische Stammesbezeichnungen erkennen.[2]

3. Jh.
Annahme des Christentums in Armenien

Unter dem Begriff Kiever Rus' versteht man die Gründung eines ersten Staatengebildes, zu dem sich mehrere Stämme unter Führung eines gemeinsamen Herrschers zusammengeschlossen haben. Die Kiever Rus' gilt historisch als der Beginn der russischen Geschichte.[3] Ob dieser Zusammenschluss ein Akt der Vernunft oder die Folge von Machtausübung war, ist nicht mehr eindeutig belegt. Bis zu diesem historischen Datum der Gründung eines „russischen" Staatengebildes liegt die Geschichte diesen weiten Landes, das nach geographischen Gesichtspunkten bis zum Ural als Teil Europas angesehen wird, ziemlich im Dunkeln. Erst mit dieser Staatengründung und der Entwicklung zu einem russischen Großreich kann von einer russischen Kultur und ihrer Blüte im europäischen Zusammenhang gesprochen werden. Jedoch lassen sich in der Zeit vor diesem historischen Ereignis bereits Wurzeln erkennen, die zu dieser eigenständigen Entwicklung der Kultur im Osten Europas geführt haben.

4. Jh.
Annahme des Christentums in Georgien

Eine der stärksten Wurzeln ist zweifellos die uralte **Verehrung einer Mutter** als die liebende Göttin, wie bereits in dem Buch *Mutter oder*

Göttin dargestellt. Diese weibliche, mütterliche Macht ist in der russischen Weltsicht tief verankert und nicht löschbar und hat sich trotz väterlicher Einflüsse durch Zaren, Fürsten und politische Herrscher nicht verloren. Sie wirkt auch heute in einer aufgeklärten Welt noch immer unverändert. Sie bestimmt die tiefe Emotionalität und Gläubigkeit des russischen Volkes.

311-383
Wulfila, westgotischer Bischof, erste gotische Bibel

Die Wurzeln einer christlichen Kultur lassen sich weit zurückverfolgen. So wird in einer Chronik berichtet, dass bereits in der 1. Hälfte des 1. Jahrhunderts n. d. Zt. der Apostel Andreas in das Gebiet nördlich des Schwarzen Meeres und auf dem Fluss Dnepr bis zu einem Ort kam, wo heute Kiev liegt, und dort ein Kreuz errichtet haben soll.[4] Diese Chronik ist nach dem Mönch Nestor benannt, der Berichte aus früheren Tagen gesammelt hat, die aber viel später erst veröffentlicht wurden.[5]

4. bis 6. Jh.
Völkerwanderung, Einfall der Hunnen

Ein römischer Geschichtsschreiber, Tacitus (um 55-120 n.d.Zt.), ist verwundert, dass verschiedene Völker im Osten Europas eine Gottmutter verehren, im Gegensatz zu den väterlichen Göttern Roms.[6] Das weist daraufhin, dass die Anbetung einer göttlichen Mutter die Zeitenwende überdauert hat. Das lässt aber auch erkennen, dass im westlichen Rom die Vorgänge im fernen Osten aufmerksam verfolgt wurden.

641
Araber erobern Alexandria, Zerstörung der Bibliothek

Zu den wesentlichsten Wurzeln einer osteuropäischen Kultur zählt die Benutzung und Verbreitung einer **Bildsprache** im Gegensatz zu einer westeuropäischen Wortsprache. Vielleicht waren es die großen Sprachunterschiede der vielen Völker Osteuropas, die die Benutzung einer bildhaften Vermittlung von Glaubensinhalten und Weltsichten unterstützt haben. Einsiedler, die die Nähe zu Gott in der Stille und Einsamkeit suchten, oder Missionare, die christlichen Glauben in ein Land heidnischer Götterverehrung bringen wollten, bedienten sich einer allen Völkern verständlichen Bildersprache. Die bildliche Darstellung von christlichen Glaubensinhalten lässt sich zurückverfolgen bis in die frühen Jahrhunderte nach der Zeitenwende.

675-754
Bonifatius, angelsächsischer Missionar

Auf dieser Grundlage ist auch die zunehmende Verbreitung der **Ikonenmalerei** zu verstehen. Diese bildhafte Darstellung christlicher Glaubensinhalte fand einen fruchtbaren Boden in dem bildnahen Kulturbereich der vielen Völker unterschiedlicher Sprache. Gefördert wurde diese Entwicklung durch ein Verbot des byzantinischen Kaisers

Abb. 1: Thronende Muttergottes, Mosaik in der Hagia Sophia in Istanbul (Konstantinopel) aus dem Jahre 867 Quelle: Wikimedia CC0 1.0

Leo III. im Jahre 726 n.d.Zt., Ikonen zu verehren. Infolge dessen flüchteten viele Mönche und Priester der Ostkirche und brachten die Ikonenmalerei und Ikonenverehrung in den Osten Europas. Im Jahre 843 jedoch erlaubte die Kaiserin Theodora von Byzanz wieder endgültig die Verehrung von Ikonen. Bildhafte Darstellung und Ikonenmalerei sind bleibende Wurzeln einer östlichen Frömmigkeit.[7]

711
Ende des Westgotenreiches in Spanien durch Araber

Eine der bedeutendsten Wurzeln eines späteren Großreiches war die Erfindung einer gemeinsamen **Schrift** bereits vor der Staatengründung im 9. Jahrhundert. Der byzantinische Kaiser Michael III. beauftragte den slavischen Mönch Kyrill (auch: Konstantin) ein verbindliches Alphabet für die Völker des Ostens zu schaffen, das so genannte glagolitische[8] (vgl. Abb. 2):

732
Sieg Karl Martells über die Araber bei Tours und Poitiers

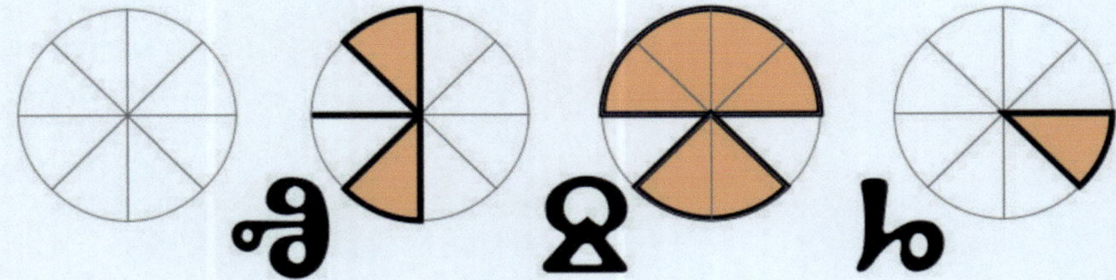

Abb. 2: Joncev's Theorie zur Herkunft des glagolitischen Alphabets
Quelle: Wikimedia CC-BY-SA 4.0 dnik

~ 750
Hildebrandlied, erste deutsche Heldensage

Während jenes zur Verbreitung religiöser Inhalte benutzt wurde, soll eine Abwandlung, das kyrillische Alphabet, von einem Schüler Kyrills, dem Clemens von Ochrid, für den alltäglichen Gebrauch erstellt worden sein (vgl. Abb. 3). Diese einheitliche Schrift war die Grundlage dafür, dass sich immer mehr Menschen unterschiedlichster Verständigungsmittel in Kontakt treten konnten.

768-814
Karl der Große, König des Frankenreiches

Abb. 3: Die ersten vier Buchstaben des glagolitischen Alphabets in blau und grün (auch: Glagolica) und des kyrillischen Alphabets in rot (auch: Kyrillica)
Quelle: Wikimedia Commons

~ 850
Klosterschule Fulda, Hrabanus Maurus

Von gleicher Bedeutung für die Entwicklung des osteuropäischen Kulturraumes war die Einführung einer verbindlichen **Sprache**. Noch vor der Kiever Rus', der Gründung eines russischen Staates, hat Kaiser Michael III. von Byzanz die slavischen Brüder Kyrill (827-859) und Method (813-859) beauftragt, das orthodoxe Christentum in slavischer Sprache zu predigen. Beide ha-

~ 850
Beginn altnordische
Edda-Dichtung

ben auch liturgische Bücher, u. a. das *Neue Testament*, ins Slavische übersetzt. Im Jahre 863 gründete Kyrill eine Mährische Akademie.[9] Somit wurde die slavische Sprache in Verbindung mit der kyrillischen Schrift zu einer der Wurzeln, aus denen die osteuropäische Kultur Russlands erwachsen ist. Wurzeln sind nur dann Wurzeln, wenn durch deren Wachstum eine Blüte hervorgeht. Diesem Wachsen und Blühen sind die folgenden Seiten gewidmet

Abb. 4: Ein Gebet nach dem Alphabet in kyrillischer Schrift und in altkirchenslavischer Sprache, 12. Jahrhundert, Konstantin von Preslav Quelle: Wikimedia Commons

1 Mischer, Jacqueline: *Mutter oder Göttin. Frühzeitliche Kultur im Osten Europas*, Dr.-Ing.-Hans-Joachim-Lenz-Stiftung, Mainz 2014.
2 Vgl. Milner-Gulland / Dejevsky: *Russland*, S. 34 f.
3 Vgl. *Altrussisches Kulturlexikon*, S. 107-109.
4 Vgl. Müller, Ludolf (Hrsg.): *Die Nestorchronik*, S. 8.
5 Vgl. Müller, Ludolf (Hrsg.): *Die Nestorchronik*, S. VII-XXVII.
6 Vgl. Tacitus: *Germania*, S. 123 ff.
7 Vgl. Smolič, Igor: *Russisches Mönchtum*, S. 53 f.; vgl. Rose, Karl: *Grund und Quellort des russischen Geisteslebens*, S. 55 f.
8 Die glagolitische Schrift ist die älteste slavische Schrift, deren Form die Symbole Kreuz, Kreis und Dreieck zu Grunde liegen. Sie wurde später von der kyrillischen Schrift verdrängt.
9 Angelov, Bonjo St.: *Kyrill und Method*, S. 4-31; vgl. *Altrussisches Kulturlexikon*, S. 125 sowie 111 f.

2 Kiever Rus' (9. Jh. bis 1240)

2.1 Historisches

Wie der Name **Rus'** (ostslavisch: Роусь, griechisch: Ρωσία / Rossia, lateinisch: Russia, Ruthenia) entstanden ist, kann nicht mehr genau nachvollzogen werden. Die Herkunft ist umstritten. Einerseits wurde das Volk – die Ostslaven – Rus' genannt, andererseits auch das Land, das sie bewohnten. Der erste Staat der Ostslaven wird ebenfalls Rus' bezeichnet, in moderner Literatur auch „altrussischer Staat" oder „Kiever Rus'", ein Vielvölkerreich, in dem außer den Ostslaven, u. a. auch Wikinger, Chasaren, Petschenegen, Balten, Finno-Ugrier lebten.[1]

Es gibt verschiedene Theorien, wie der Name Rus' entstanden sein könnte. Die Vertreter der **normannischen Theorie** vermuten, dass der Name Rus' ursprünglich von „Ruotsi" stammt, der finnische Name für Schweden. Die Wurzel von „Ruotsi" geht auf das altgermanische Wort für „Ruder" zurück. „Ruderer" heißt „Ropskarlar", das von finnischen Dolmetschern zu „Ruotsi" verkürzt worden sei. Im Nordwesten Russlands wanderten Wikinger ein. Belegt ist eine skandinavische Siedlung in Staraja Lagoda (Alt-Lagoda), die vermutlich um das Jahr 750 gegründet wurde. Es wird auch die These vertreten, dass Rus' von Roslagen hergeleitet wurde, dem Ort, aus dem die Wikinger herkommen sollen. Gegen die Normannische Theorie spricht, dass der Name Rus' (griech. Rhōs) für das Volk nördlich des Schwarzen Meeres schon in einigen schriftlichen Zeugnissen vor der Invasion der Wikinger erwähnt wird, wie z. B. laut Nestorchronik in griechischen Quellen, als Kaiser Michael III. herrschte und die Rhōs Konstantinopel angegriffen haben. Der Araber Ibn Chordadhbeh dokumentiert im Jahre 844, dass die Rus'/ Rhōs *„Eunuchen, männliche Sklaven, weibliche Sklaven, Biber- und Marderfelle sowie andere Pelze"* veräußern. Bereits im 5. und 6. Jahrhundert erscheint in byzantinischen und arabischen Quellen das Volk Rhosia (Rhos, Hros, Rus). *Das Buch Ezechiel* (Ez 38, 39; ca. 593-572 v. d. Zt.) berichtet vom Volk der „Rhōs" (Рош – Rosch), das nach dem Propheten Ezechiel mit Gog in Israel einfallen wird. Es sind kaum Orts-, Flur- oder Flussnamen aus dem Skandinavischen dokumentiert. In anderen Gebieten, in die Wikinger eingewandert sind, kommen diese häufiger vor. In Wikipedia wird des Weiteren erwähnt, dass *„im genitivischen Anfangsglied *RōÞs der Anfangsvokal nicht vor dem 6. Jahrhundert verstummt sein könne."* *„das sei für die Benennung eines seit altersher benachbartem Stamm zu spät."* Anders dagegen wird es im *Lexikon der russischen Kultur* beschrieben, wonach die Ableitung von „Ruderer" (Ropskarlar) zu „Routsi" und wiederum zu „Rus" lautgesetzlich und morphologisch korrekt sei.

919-936
Heinrich I., Sachsenkönig, Einigung des Reiches

Nach der **westslavischen Theorie** stammt der Name Rus' vom westslavischen Stamm der Ranen (Rujanen) ab. Die **alanische Theorie** besagt, dass die Rus' auf einen alanischen Teilstamm der *Ruchs-as* oder auf die sarmatischen *Roxolanen* zurückgehen würde. Russische Forscher dagegen gehen davon aus, dass Rus' einen Stamm der Ostslaven (Teil der Polanen) bezeichnet, der südlich von Kiev am Fluss Ros siedelte. Die Wortwurzel findet sich heute in Wörtern, wie z.B.

- русый (rusyi) – rot, hell
- русло (ruslo) – Flussbett
- русалка *(Rusalka)* – Wassernymphe, Nixe
- роса *(rosa)* – Morgentau
- орошать *(oroschat')* – bewässern[2]

Die **ostslavische Theorie** erscheint von den vier o. g. am wahrscheinlichsten. Ergänzend wird die These aufgestellt, dass die Ostslaven selbst den Namen Rus' für ihr Volk wählten und die Wortwurzel nicht „Wikinger" bedeutet. Später wurde der Name Rus' auf die Bewohner des ersten ostslavischen Staates übertragen, in dem noch andere Ethnien siedelten.

Die Kiever Rus' wurde auch **Matuška-Rus'** (матушка-Русь) – *Mütterchen Rus'* genannt.[3] Die Ostslaven haben die russische Erde weiblich – meistens mütterlich – gesehen. Die Idee der Mütterchen Rus' fußt auf dem Bild der mütterlichen feuchten Erde – der russischen Variante der Großen Muttergöttin.[4] In der vorchristlichen Religion spielte die Erde als weibliche Gottheit eine herausragende Rolle. Zur „großen Familie" der Rus' gehörte Mütterchen Rus' und das Volk der Ostslaven (Rus'). Der Sprache nach fühlten sich die Menschen noch nicht so sehr von ihrem Anfang getrennt. Ferner hat die slavische Göttin für Geburt und Fruchtbarkeit sowie Beschützerin der Familien Roschanitzy/Roshaniza (рожаницы) denselben Wortstamm wie das Verb roschat' (рожать), das „gebären" bedeutet und eine gewisse Ähnlichkeit mit Rus' bzw. Rosch besitzt. Die Ostslaven (Rhōs) beteten Roshaniza als Große Mutter an.[5] Rose schreibt zu dem Phänomen „Mütterchen Rus'": *„Am liebsten aber spricht der Russe von Russland als von seinem Mütterchen – Rus ist ihm ein sakrales Wesen, das er wie eine Braut liebt und wie eine Mutter hütet."* [6]

~ 925~973
Widukind, sächsischer Geschichtsschreiber

Die **Anfänge der Rus'** liegen im Dunkeln. Zwar führt die Nestorchronik[7] das Jahr 862 als Gründung der nördlichen Rus' um Novgorod und das Jahr 882 für die Vereinigung der nördlichen mit südlichen Rus' durch den Großfürsten Oleg an. Aber es wird von Forschern auch vermutet, dass bereits schon vorher (um 838?) ein Verbund ostslavischer Stämme entstanden ist. Laut Nestorchronik bildeten 14 Stämme der Ostslaven die Kiever Rus': die Chorvaten, Dregovičen, Drevljanen, Duleben, Ilmensee-Slawen, Krivičen, Poljanen, Radimičen, Severjanen, Tivercen, Uličen, Vjatičen, Wolhynier u. a. Aus den Ostslaven haben sich später die Großrussen, Kleinrussen (Ukrainer, Ruthenen) und Weißrussen herausgebildet.

In der altrussischen Nestorchronik, Anfang des 12. Jahrhunderts in Kiever Klöstern entstanden, werden die historischen Ereignisse aus dem 9. Jahrhundert beschrieben, so auch die erste ostslavische Staatsgründung vor ca. 250-300 Jahren. Größtenteils wird in der Chronik ein Bild vermittelt, das der christlichen Anschauung entspricht. Die Jahre, die der jeweilige Chronist nicht selbst erlebt hat, sind besonders kritisch zu betrachten, da mündliche und schriftliche Überlieferungen aus mehreren Jahrhunderten zusammengetragen und niedergeschrieben wurden. Es handelt sich somit nicht nur um Wahrheiten, sondern auch um Legenden, Vermutungen u. ä.

Aus dem Norden kamen Waräger – so werden die Wikinger in der Chronik bezeichnet – und forderten von ostslavischen Stämmen Tribut. Diese verjagten wohl zunächst die Wikinger, aber dann hätte bei ihnen keine Ordnung mehr geherrscht. Laut Legende baten die Ostslaven die Wikinger, über die Rus' zu herrschen. Aber war es wirklich so? Im Ergebnis der „Verhandlungen" wurden von den Warägern drei Brüder – Rjúrik, Síneus und Trúvor – als Herrscher in der nördlichen Rus' eingesetzt, von denen Rjúrik ab dem Jahr 864 allein in Novgorod regierte. Rjúriks Existenz in der Rus' ist jedoch nicht belegt und bleibt somit hypothetisch. Sein Nachfolger Olég zog mit Kriegern in Richtung Süden und tötete die Fürsten Askól'd und Dir von der südlichen Rus'. Olég ließ sich im Jahre 882 in Kiev nieder und herrschte nun im ganzen altrussischen Land. Durch ihn wurden die nördlichen Fürstentümer mit den südlichen zu einem ostslavischen Staat vereinigt. Kiev galt als Mutter aller altrussischen Städte.

~ 935~973
Roswitha von Gandersheim

Vielleicht geschah es auch anders. Es wird die These aufgestellt, dass Völker aus dem Osten (Ural) in das ostslavische Gebiet eindrangen und im Zuge kriegerischer Auseinandersetzungen die Rus' gebildet wurde. Dies könnte sich in einem Zeitraum von ca. 10 Jahren ereignet haben. Die Kiever Rus' ist nicht friedlich gegründet worden. Letzteres sieht Erich Donnert ähnlich. Er schreibt: *„Der Zusammenschluss der Länder der Oberen und des Unteren Rus' sowie die Ausbildung von Staatsgrenzen gingen in scharfem Kampf mit den Nachbarländern vor sich."*[8] Möglicherweise finden hierzu Historiker oder Archäologen noch aussagefähige Spuren.

In den Jahren 911/912 und 944/945 wurden nach kriegerischen Auseinandersetzungen die ersten Verträge zwischen der Kiever Rus' und dem oströmischen Reich (auch: Byzantinisches Reich, kurz: Byzanz) geschlossen.[9] Dessen Herrscher erhofften sich, durch Missionierung mehr Macht und Einfluss über die Slaven zu gewinnen. Für die Kiever Rus' wollte der Großfürst Vladimir I. (978/980-1015) eine einheitliche Religion einführen. Wie der Nestorchronik zu entnehmen ist, entließ er Gesandte in andere Länder, die den Islam, den jüdischen Glauben, das römische Christentum und das orthodoxe Christentum besichtigten sollten. Letztendlich entschied sich Vladimir, das orthodoxe Christentum anzunehmen und verordnete es als Staatsreligion.[10] Daraufhin erfolgte ein langwieriger Prozess von mehreren Jahrhunderten, während dessen die Ostslaven unter Assimilation vorherrschender

Religionen christianisiert wurden. In der Abbildung 5 ist das große Gebiet der Kiever Rus' in den Jahren 1015 bis 1113 und die angrenzenden Nachbarvölker (Finnen, Bulgaren, Chasaren, Pečenegen, Magyaren, Polen, Litauer, Letten, Esten u. a.) zu sehen.

Abb. 5: Die Kiever Rus' in den Jahren 1015-1113 Quelle: Wikimedia CC-BY-SA 2.5 Koryakov Yuri

Die Kiever Rus' blühte auf und entwickelte sich zu einem mächtigen Staat in Europa, der jedoch von Nachbarn immer wieder angegriffen und durch innere Fehden geschwächt wurde. Nachdem die Hauptstadt von Kiev nach Vladimir verlegt wurde, zerfiel das Reich in Teilfürstentümer. Vom Osten her drangen Mongolen ein und zerstörten Kiev im Jahre 1240. Dieses Ereignis gilt gemeinhin als das endgültige Ende der Kiever Rus'.[11]

2.2 Wandel in der Religion

Wie die Nestorchronik berichtet, ließ sich Vladimir I., der Großfürst der Rus', im Jahre 988 taufen und nahm das orthodoxe Christentum an. Beweggründe könnten gewesen sein, dass sich der Fürst in kirchliche Vorgänge einmischen durfte. Die bereits im 9. Jahrhundert ins Altkirchenslavische übersetzten liturgischen Texte konnten benutzt werden. Der Gottesdienst durfte in der einheimischen Sprache durchgeführt werden und war überwältigend schön. Technische, wissenschaftliche und kulturelle Errungenschaften aus anderen Ländern, die bereits christianisiert waren, konnten eingeführt werden. Neues Recht und neue Bräuche konnten angeordnet werden. Mit einer einheitlichen, „zeitgemäßen" Religion wurde die Kiever Rus' gefestigt, wo vorher eine Vielzahl von Göttern angebetet wurde. Die Kiever Rus' hatte sich gegenüber dem oströmischen Reich erfolgreich in Kriegen durchgesetzt, so dass Vladimir I. wohl meinte, dass die Selbstständigkeit durch eine neue Religion nicht verloren gehen könnte. Außerdem nahm Vladimir I. Anna, die Schwester der byzantinischen Kaiser Basileios II. und Konstantin, zur Frau. Auch wurde ein Augenleiden von Vladimirs I. geheilt, als ein orthodoxer Bischof ihm die Hände auflegte und er wieder sehen konnte.[12]

~ 1025
Ruodlieb, Rittersage aus dem Kloster Tegernsee

Vladimir I. ordnete das orthodoxe Christentum als Staatsreligion an. Äußerlich schien das Volk zu gehorchen und ließ sich nach und nach taufen, aber es vollzog sich ein jahrhundertlanger Prozess, bis das Christentum in den Herzen Fuß fasste.[13] Der neue Glaube wurde dem Volk vor allem über Liturgie, Predigten, Ikonen und im geringen Maße auch durch Schriften, wie der Bibel, übermittelt. Zu dieser Zeit konnten nur wenige lesen und schreiben. Deshalb waren die Gottesdienste in Altkirchenslavisch, Ikonen mit ihrer Bilder- und Symbolsprache sowie Predigten für die Christianisierung bedeutend. So schreibt Rose *„die Heiden kamen einfach zur Kirche, um den schönen Gottesdienst zu schauen."* [14]

Bereits Ende des 2. Jahrhunderts wurde die urchristliche Lehre verändert (z. B. Einführung der Dreifaltigkeit und Entwicklung von Dogmen, über die Gelehrte stritten). Matthias Holzbauer beschreibt, welche kirchlichen Rituale sich aus heidnischen Kulten entwickelt haben. Dazu gehören Messfeiern mit Abendmahl und besonderen Messgewändern, Altäre, Weihwasser, Ministranten, Glockengeläut, Niederknien, Tempel mit Prunk und Promp, Heilige und Heiligenverehrung, Huldigung der großen Muttergöttin, aus der sich die Marienverehrung entwickelte, Reliquien, spezielle Feiertage der Heiligen bzw. Halbgötter, Wallfahrten und Wallfahrtsorte, Prozessionen, Sakramente, wie die Taufe oder letzte Ölung . . . *„All diese Bräuche und Rituale und noch einige mehr, die wir heute aus den Kirchen kennen, stammen nicht aus dem Urchristentum, sie sind nicht christlich, sondern sie wurden von den heidnischen Mysterienkulten der Antike übernommen."* [15]

1033-1109
Anselm von Canterbury, englischer Philosoph, Scholastik

Die Christianisierung der Rus' begann erst Ende des 10. Jahrhunderts. Zu dieser Zeit war die christliche mit der vorchristlichen Religion bereits bis zu einem gewissen Grade vermischt. Dieser Prozess setzte sich in der Rus' fort und brachte eigene Ausprägungen hervor. Es entwickelte sich ein „Zwieglaube". Dieser Begriff beschreibt den *„Mischzustand einer Kultur [. .], deren Träger zwar nominell durch die Taufe Christen sind, in der aber noch viele vorchristliche Vorstellungen und Handlungen lebendig und üblich sind."* [16] Noch im 16. Jahrhundert werden existierende Formen des Heidentums in Schriften des Hundert-Kapitel-Konzils aufgelistet. In der Volkskunst gibt es sogar noch Spuren bis ins 19. Jahrhundert hinein.[17] Die Kirche bekämpfte vehement über Jahrhunderte vorchristliche Religionen. Im Bewusstsein des Volkes wurde die „neue" Religion in die „alte" integriert. Es fand eine Art Umbau statt. Die alte Religion wurde nicht aufgegeben, sondern hat in anderen Ausprägungen weitergelebt. So ist z. B. dem Lexikon der russischen Kultur zu entnehmen: *„In der Kiever Epoche wurden fast alle heidnischen Bräuche und Feiertage durch das Christentum adaptiert."* [18]

Hervorzuheben ist, dass die Ostslaven besonders mütterliche Gottheiten bzw. das Mütterliche / Weibliche verehrten. Das wurde auf Maria und auch auf Sophia übertragen. Es konnte sich eine besondere Wertschätzung der Gottesgebärerin, insbesondere ihrer Mutterschaft, entwickeln, die sich sonst nirgends so intensiv ausgeprägt hat.

1054
Schisma, Trennung der römisch-katholischen von der Ostkirche

Wie im *Lexikon der russischen Kultur* beschrieben, wurden im Zuge der Christianisierung zunächst christliche Heilige in die Funktion der heidnischen Götter adaptiert. Im zweiten Schritt wurde die traditionelle Rolle der heidnischen Götter auf Engel und Heilige übertragen. Auch Rose stellt dar: *„Der heilige Elia in der Vorstellung des russischen Volkes, auch später während der ganzen christlichen Periode, ist keineswegs der biblische Prophet, sondern vielmehr ein christianisierter Perun. Durch viele Jahrhunderte hindurch erscheint das russische Volkschristentum als eine Art Doppelreligion, in der die heidnischen und christlichen Elemente ihren festen Platz haben. Die Kirche hat unentwegt gegen diese Doppelreligion oder die ‚dwojewerie', wie sie die russische Kirche bezeichnet, kämpfen müssen."* [19] Zwar lassen sich in der Literatur kaum Hinweise finden, dass das Volk erheblichen Widerstand leistete, als das Christentum eingeführt wurde, aber einige Autoren, wie z. B. Tatiščev, Golubinskij und Rose, stellen dar, dass es wohl kaum ohne Aufruhr von statten ging. Gemäß Rose wurde *„der Befehl, die Überreste des Heidentums zu zerstören . . nicht nur einmal erlassen."* [20] Die mütterlichen Traditionen lebten Jahrtausende im Volk und konnten nicht innerhalb kurzer Zeit aus dem Leben der Menschen verbannt werden.

2.3 Baukunst

Aus der Zeit der Kiever Rus' sind nicht sehr viele Baudenkmäler erhalten, da zumeist mit Holz gebaut wurde. Nach der Annahme des orthodoxen Christentums kamen aus dem oströmischen Reich Baumeister, die in der Rus' die Steinbaukunst einführten. Die einheimischen „Architekten" und Handwerker eigneten sich die Techniken hierfür an und entwickelten einen eigenen, altrussischen Baustil, bei dem auch die vielfältigen Elemente aus der vorchristlichen Holzbaukunst einflossen, wie z.B. die vielen Türme und die reichhaltigen Dekorationen. Auf ehemals „heilige" Orte wurden Kirchen und Kathedralen aus Stein errichtet.[21]

Die erste Kirche aus Stein, die Vladimir I. in Kiev bauen ließ, weihte er **Maria**, der Gottesgebärerin (auch: Zehntkirche, ca. 989-996). Weitere Beispiele solcher Art sind die Mariä-Geburts-Kathedrale des Antonios-Klosters (1117) und die Mariä-Verkündigungskirche (1179) in Novgorod, die Mariä-Entschlafens-Kathedrale (1158-1160) und die Mariä-Schutz-Kirche (1165) an der Nerl in Vladimir, die Mariä-Entschlafens-Kathedrale in Jaroslavl (1215-1219) sowie die Mariä-Himmelfahrts-Kathedrale (1101) in Smolensk. Die Ostslaven wandten sich dem mütterlichen Anfang zu, sahen in Gott die Liebe und verehrten diese. Sie weihten Kirchen und Kathedralen zu Ehren Marias.

Auch die Weisheit „**Sophia**" wurde besonders wertgeschätzt und gehuldigt. Unter dem Großfürsten Jaroslav dem Weißen (978-1054) entstand in Kiev eine Sophienkathedrale nach byzantinischem Vorbild. Kondakov meint, dass die Hagia Sophia in Konstantinopel *„mehr zur Rolle des byzantinischen Imperiums beigetragen hat als die vielen Kriege, die es geführt hat. Denn nicht nur den Gesandten Wladimirs schien es beim Betrachten der grandiosen und reichgeschmückten Kirche, daß sie sich im Himmel befinden."* [22] Eingekratzte Inschriften „Hagia Sophia – ἁγία σοφία" zeigen – so Fairy Lilienfeld –, dass die heilige Sophia als Person bzw. als göttliche Weisheit verehrt wurde. *„Das Gleiche gilt von den in altrussischer Sprache entdeckten, nur wenig jüngeren Kratzinschriften in der Kiewer und in der Nowgoroder Sophienkathedrale."* [23] Dem Vorbild in Kiev folgend, entstanden auch in anderen Städten Gotteshäuser, wie z. B. die Sophien-Kathedrale in Novgorod (1043/1045-1050) und die Sophien-Kathedrale in Polozk (1044-1066). Die göttliche Weisheit in Gestalt einer Frau wurde demnach in der Kiever Rus' besonders geachtet und verehrt.

~ 1070
Teppich von Bayeux

2.4 Ikonen

Vom altgriechischen Wort „εἰκών – eikōn" stammt der Begriff „Ikone" ab und bedeutet „Bild, Abbild, Ebenbild, bildliche Darstellung". Nach dem Theologen und Kirchenvater Johannes von Damaskus (650-749/754?) ist Eikon *„ein Ebenbild, welches das Urbild kennzeichnet und sich doch von ihm unterscheidet." „Eikon ist also ein Ebenbild und ein Beispiel* [. .] *und Abprägung von irgend etwas, und zeigt in sich das Abgebildete."* [24]

In Russland wurden und werden in besonderem Maße Ikonen verehrt. Warum? Aus der alten Mutterreligion entstammt die Kunst der Statuetten und Felsbilder, die seit der Altsteinzeit über Jahrtausende Bestandteile des Kultes waren. Das Urchristentum kannte keine Kunst, keine Göttinnenfiguren und keine Ikonen. Erst später erlaubte die christliche Kirche bildhafte Darstellungen. Statuetten jedoch wurden abgelehnt, da auch der heidnische griechische Kult Statuetten schuf. Um das Volk zu belehren, benutzte die Kirche die Sprache der Bilder. Sie war dem einfachen Volk aus jahrtausendlanger Tradition bekannt und wurde gepflegt. Über Ikonen konnte der Betrachter in Kontakt mit der geistigen Welt treten; meist um Hilfe zu erbitten, um zu danken oder zu huldigen. Das Bewusstsein der Menschen sollte auf eine höhere Ebene emporgehoben werden, auf das Bewusstsein vom Urbild des Menschen. Ob das tatsächlich Menschen erfahren haben, lässt sich nicht nachvollziehen. Bekannt sind zahlreiche Berichte über Menschen, die geheilt oder aus Notsituationen gerettet wurden. Diese „Philosophie der Bilder" – jenseits des geschriebenen Wortes – ist Bestandteil der russischen Kultur. Eine wissenschaftliche Analyse bzw. grundlegende Schrift zur Ikonenmalerei legt der russische Mathematiker, Priester und Philosoph Pavel A. Florenskij in seinem Werk *Ikonostase* (1922) dar. Er sieht in der Verehrung der Gottesmutter Maria auch eine Fortsetzung der Huldigung der Großen Muttergöttin: *„Mir kommt hier aus irgendeinem Grund der Starez Amvrosij aus Optina mit seiner Ikone in den Sinn, der Ikone der Gottesmutter, ‚die das Getreide wachsen lässt'* [. . .] *[E]in einfacher, bescheidener Greis [gibt]* [. . .] *einen ungewöhnlichen Anstoß, die Gute Göttin zu malen: Denn was ist die Gottesmutter, ‚die das Getreide wachsen lässt', anderes als eine Vision der Gottesmutter in dem Bild, in der kanonischen Form der Mutter des Korns – Demeter?"* [25]

1091-1153
Bernhard von Clairvaux

Der Theologe Vladimir Ivanov führt an, dass die Ostslaven in der vorchristlichen Epoche in einer irrationalen, symbolhaften, emotionalen Bilderwelt lebten. Er nennt dies „Nachtbewusstsein" im Gegensatz zum antiken „Tagesbewusstsein", das in Verbindung mit Denken und Rationalität stehe. Aufgrund des so genannten „Nachtbewusstseins" konnten Ikonen in besonderem Maße Anklang bei den Ostslaven aller Schichten finden.[26]

Ikonenmaler haben in Form eines gemalten Bildes die christliche Wahrheit verkündet. Basilius der Große († 379) äußert dazu: *„Was der Text einer schriftlichen Schilderung zu Gehör bringt, stellt das Bild schweigend dar."* [27] Im Rahmen der Liturgie wurde die Wahrheit, die auf der Ikone bildhaft dargestellt ist, mit Worten vermittelt. Auf einer Ikone wird das Urbild offenbart, das Bild vom Menschen nach Genesis (1, 26-27): *„Wir wollen Menschen machen – als unser Bild, etwa in unserer Gestalt. Sie sollen niederzwingen die Fische des Meeres, die Flugtiere des Himmels, das Vieh, die ganze Erde, alle Kriechtiere, die auf dem Boden kriechen.' Da schuf Gott Adam, die Menschen, als göttliches Bild, als Bild Gottes wurden sie geschaffen, männlich und weiblich hat er, hat sie, hat Gott sie geschaffen."*

Johannes von Damaskus verteidigte die Ikonen mit der Gottesebenbildlichkeit des Menschen.[28] Auch der bulgarische Philosoph Exarch

Johannes betont in seinem Werk *Hexaemeron* die herausragende Stellung des Menschen in der Schöpfung: *„Zu nichts anderem wurde der Mensch und nichts anders heißt Ebenbild und Ähnlichkeit Gottes, als daß er eine vernünftige Seele hat, eine verständige und intelligente, unsterblich und herrschend, selbst-herrschend und wahrhaftig auch selbst-mächtig und von keinem anderen auf Erden beherrscht, nämlich der Natur nach."* [29] Nach dem 2. Konzil von Nicäa im Jahre 787 wurde es erlaubt, Ikonen zu verehren, weil Gott in Jesus Gestalt angenommen hat. Dieses Bild darf gemalt werden. Nicht die Materie von der Ikone, sondern das Urbild dahinter (im Geist) wird verehrt. Die Gottesebenbildlichkeit ist Aufgabe jedes Menschen in dem Sinne, sie zu entfalten. Das Urbild ist im Menschen angelegt. Durch Betrachten einer Ikone soll das Bewusstsein zum Urbild des Menschen empor geleitet werden. Dies setzt einen gewissen geistigen Zustand voraus. Im Gegenzug blicke der Verehrte bzw. der Anfang auf den Betrachter der Ikone und kommuniziert mit ihm auf irgendeine Art und Weise. Die Ikone stellt eine Art „Fenster zur geistigen Welt" dar. Mittels Ikonen fanden christliche Lehren Zugang zum Volk.[30]

Am Anfang wurden Ikonen nach strengen Vorschriften gefertigt. Der Künstler selbst bereitete sich durch Fasten, Beten und Kontemplation auf das Malen vor. Häufig wurden sie in Klöstern von Mönchen hergestellt. Später jedoch entwickelte sich eine eigene Handwerkskunst. Über den Ikonenmaler Alimpi (†1114) sind im *Kiever Väterbuch* wundersame Episoden aus seinem Leben beschrieben, z. B. wie Ikonen nicht von Menschenhand geschaffen wurden. Alimpi malte u. a. die Mariä-Himmelfahrts-Kathedrale in Kiev mit Ikonen aus, die jedoch heute nicht mehr existieren. Zu weiteren

1098-1179
Hildegard von Bingen

bedeutenden Ikonenmalern zählen Feofan Grek (Theophanes der Grieche), Andrej Rublëv, Dionisij und Simon Ušakov, von denen in den folgenden Kapitel noch berichtet wird.[31]

Johannes von Damaskus unterscheidet Ikonen in:

1. Natürliche
2. Paradigmatische
3. Ebenbildliche
4. Andeutende
5. Zukünftiges vorbildende und vorzeichnende
6. Zum Andenken vergangener Taten[32]

Auf altrussischen Ikonen ist sehr oft Maria als Gottesmutter (meist mit Kind) abgebildet. Jesus wurde häufig als Pantokrator (grch. Allherrscher), als Weltenrichter oder König des Weltalls dargestellt. Nicht nur auf Fresken, Wänden, Gewölben und Kuppeln in Kirchen, Kathedralen und Klöstern, sondern auch zu Hause in „schönen Eckchen" (russ. **красный угол** – krasnyj ugol) zu Hause hingen und hängen Ikonen von der Gottesmutter.[33] Aus dem späten 11. oder frühen 12. Jahrhundert stammt die Ikone der Gottesmutter von Vladimir (kurz: Vladimirskaja). Sie ist in Abbildung 6 dargestellt.

Vermutlich wurde sie aus Konstantinopel importiert. Die Ikone zählt zu dem Umilenie-Typus (russ. **умиление** – Rührung). Das Gesicht von Maria neigt sich liebevoll dem Kinde zu. Dieser Typus von Ikonen genießt in Russland große Beliebtheit. Auf der Ikone sind lediglich das Gesicht und der Hals von Maria, das Gesicht von Jesus und Abschnitte des Hintergrundes noch originalgetreu. Das Kunstwerk befindet sich heute in der Tret'jakov-Galerie in Moskau und ist ein Nationalheiligtum Russlands.[34] In der Sophienkathedrale in Kiev sticht ein übergroßes Mosaik der Gottesmutter / Sophia (Orans) in der Altarapsis hervor. In Abbildung 7 ist dieses Bild zu sehen. Ihr Urheber kann nicht mehr ermittelt werden.

~ 1150
Gründung Universität Paris

Abb. 6: Ikone der Gottesmutter von Vladimir, Anonym, frühes 12. Jh., Tret'jakov-Galerie
Quelle: Wikimedia Commons

Die Gestalt trägt ein blaues Gewand. In der Ikonographie wird diese Farbe mit Unendlichkeit oder auch mit Sophia, der Weisheit, assoziiert. Ihr Haupt und die Kuppel leuchten gold – der Farbe des Himmels und der Glückseligkeit. In roter Farbe, Majestät symbolisierend, sind die Schuhe und der Gürtel abgebildet.[35] Am Kopf stehen links und rechts je zwei griechische Buchstaben (Μ Ρ – Θ Υ) – die Abkürzungen für „*μητηρ θεου* – Mutter Gottes". Die Orante-Haltung der Arme wird meist als Bethaltung interpretiert. Bereits seit der Altsteinzeit gibt es Zeichnungen und später auch weit verbreitete Statuetten der „Göttin mit erhobenen Armen". Zum einen könnten „magische" Zwecke dahinter stehen, „*die später als die des Gebets beibehalten wurde*"[36] Noch heute beten Pfarrer in Gottesdiensten auf diese Weise. Zum anderen interpretiert der Psychologe Erich Neumann die Armhaltung als **Erscheinen (Epiphanie) des Großen Weiblichen unter Menschen**. Das „Große Weibliche" ist ein Urarchetypus nach C. G. Jung. Im orthodoxen Christentum wurde Maria auf Ikonen oftmals mit erhobenen Armen dargestellt.[37]

Abb. 7: Mosaikbild der Gottesmutter / Sophia (Oranta), Anonym,12. Jh., Sophien-Kathedrale in Kiev, Höhe: 5,5 m
Quelle: Wikimedia Commons

Die Sophien-Ikone in der Novgoroder Sophienkathedrale hat eine besondere Bedeutung (Die Datierung ist umstritten). Sie zeigt die göttliche Weisheit in Form einer weiblichen Gestalt. Der Ursprung dieser Ansicht geht auf das *Alte Testament*, speziell auf das *Buch der Sprichwörter* (Spr 8, 22-35), das *Buch der Weisheit* (Weis 9, 1) und das *Buch Jesus Sirach* (Sir 24), zurück. Im ersten Korintherbrief steht dagegen, dass Jesus zur Weisheit geworden ist. (Kor 1, 30). Byzantinische Gelehrte vertraten die Auffassung, dass die Weisheit mit dem „Logos" identisch ist. In Russland jedoch fand Sophia eher als weibliche Gestalt Beachtung.

1182-1226
Franz von Assisi

Neumann interpretiert Sophia als einen Aspekt des Großen Weiblichen. Auf der höchsten Stufe kann sie als reines Geist-Weibliches, als weibliche Geistganzheit, auftreten. *„Als Geist-Mutter ist sie nicht wie die Große Mutter der Elementarstufe vorwiegend am Säugling, am Kind und am unreifen Menschen interessiert,* [. . .] *sondern sie will als Gottheit des Ganzen, welche die Wandlung von der Elementar- bis zur Geiststufe beherrscht, Menschen, welche als Ganze den Umfang des Lebendigen vom Elementaren bis zur Geistwandlung durchschreiten."* [38] Das Symbol der Sophia ist das Gefäß, auf der höchsten Ebene das Geist-Wandlungsgefäß.[39]

Die Sophien-Ikone in Novgorod bewegte auch russische Philosophen zu späterer Zeit. Vladimir Solov' v schreibt zu ihr: *„Die Ikone der Novgoroder Sophia selbst hat keinerlei griechisches Vorbild – sie ist ein Werk unseres eigenen religiösen Schöpfertums.*[. . .] *wer ist es, wenn nicht die wahrste, reinste und vollste Menschheit, die höchste und allumfassende Form und lebendige Seele der Natur und des Alls, ewig vereint mit der Gottheit und im zeitlichen Prozeß sich mit ihr vereinigend und alles mit ihr vereinigend, was ist. Es gibt keinen Zweifel, daß hierin der volle Sinn des Großen Wesens besteht,* [. . .] *den unsere Vorfahren, die frommen Erbauer der Sophienkirchen, in seiner Gesamtheit erfühlt, aber überhaupt nicht bewusst erfasst haben."* [40] Es würde den Rahmen dieser Arbeit sprengen, detaillierter auf die Ikonenverehrung einzugehen. In dem Buch *Ikonen* behandeln Onasch und Schnieper sehr ausführlich die Thematik.

1193-1280
Albertus Magnus, deutscher Philosoph

2.5 Schriftliche Zeugnisse

Mit der Annahme des orthodoxen Christentums kamen sowohl die Schriftsprache, als auch bereits ins Altkirchenslavische übersetzte Werke aus Bulgarien und auch Literatur aus Byzanz in die Kiever Rus'. Unter dem Großfürsten Jaroslav dem Weisen wurden Schriften aus dem Griechischen übersetzt, aber auch eigene Werke verfasst. Im *Lexikon der russischen Kultur* sind 498 überlieferte Handschriften aus dem 11. bis zum 13. Jahrhundert angegeben, von denen rund 75 % religiösen Inhalts sind. Bücher waren zu dieser Zeit sehr kostbar, ihre Herstellung zeitaufwendig und teuer. Schriftliche Werke lasen wohl nur reiche Menschen oder Geistliche mit großem Interesse an Bildung. Das Lesen und Schreiben wurde unter Vladimir dem

Heiligen nur Menschen mit höherem Rang gelehrt. Die erste öffentliche Bibliothek ließ Jaroslav der Weise, der selbst gerne las und sich bildete, in Kiev in der Sophienkathedrale einrichten. Sie umfasste ca. 1000 Bücher und gilt heute als verschollen. Außerdem ließ er Schulen einrichten, in denen das Lesen und Schreiben – auch unteren Schichten der Bevölkerung – gelehrt wurden. Denn um das Christentum zu verbreiten, benötigte die Kirche Lehrer. In Klöstern und Kirchen wurden auch Chronisten, Übersetzer, Maler und Bauleute ausgebildet. In den nächsten Jahrhunderten bis zu Peter I. oblag die Bildung der Kirche, nicht dem Staat.[41]

Zu den Werken, die aus dem Griechischen ins Altkirchenslavische übersetzt wurden und philosophisch bedeutend sind, zählen:

- *Philosophisches Kapitel* von Johannes von Damaskus aus seinem Werk *Quelle des Wissens*
- das Alte und Neue Testament (Anmerkung: Eine vollständige Bibelübersetzung in das Altkirchenslavische wurde im Jahre 1499 herausgegeben.)
- *Sechstagewerk (Šestodnev)* vom bulgarischen Exarchen Johannes
- *Izbornik Svjatoslava* (1073) und *Izbornik* (1076)
- Sammlung Die Biene (Texte aus Evangelien, den Briefen, den Sprüchen Salomons sowie von oströmischen Kirchenvätern und Schriftstellern)
- Sammlung der *Lehrsprüche Menander des Weisen.*[42]

1198-1216
Innozenz III., Höhepunkt des Papsttums

Alexander Avenarius schreibt, dass Philosophie nach Theodoros Raithu und Johannes von Damaskus definiert wurde.[43] Im 3. Kapitel des *Philosophischen Kapitels (*auch: *Dialektik)* vom Letztgenannten sind sechs Definitionen der Philosophie aufgeführt:

1. *„Philosophie ist Erkennen des Seienden, insofern es Seiendes ist, das ist Erkennen der Natur des Seienden* [. . .]
2. *Philosophie [ist] Erkennen der göttlichen und menschlichen Dinge, das ist der sichtbaren und unsichtbaren.*
3. *Philosophie ist weiterhin Nachdenken über den Tod, den vorbedachten sowie den natürlichen* [. . .]
4. *Philosophie ist wiederum, Gott ähnlich zu werden* [. . .]
5. *Philosophie ist Können von Fertigkeiten und Kenntnis der Wissenschaften* [. . .]
6. *Philosophie ist schließlich Liebe zur Weisheit. Wirkliche Weisheit aber ist Gott. Die Liebe zu Gott ist demnach die wirkliche Philosophie."* [44]

In den Kapiteln 9 bis 14 geht es um die logischen Begriffe des Porphyrios (234-304) und in den Kapiteln 32 bis 39 sowie 47 bis 63 um die Kategorien des Aristoteles (384-322 v.d.Zt.).[45] In Russland wurde das Werk häufig gelesen.[46]

Die übersetzte Bibel von den Slavenaposteln Kyrill und Method gilt nach Tornow *„als hervorragendes Meisterwerk der Übersetzungskunst und war von unschätzbarer Bedeutung für die slavische Kultur."* [47] Der bulgarische Exarch Johannes (um 860-930) schrieb das *Sechstagewerk* der Schöpfung (*Šestodnev* bzw. *Hexaemeron*), das auf anderen Sechstagewerken bzw. griechischen Texten von den heiligen Basilius, Johannes Chrysostomus, Severianus von Gabala, Aristoteles dem Philosophen u. a. basiert und wohl auch eigene Kommentare zur Genesis enthält. Marie Besobarof merkt an, dass dieses *Šestodnev* in Russland häufig gelesen wurde. Rudlof Aitzetmüller sieht es durchaus als *„das Hauptwerk der altbulgarischen Literatur"*. [48] Hervorzuheben ist der VI. Band, in dem die Schöpfung des Menschen nach Gottes Ebenbild sehr ausführlich reflektiert und bewundert wird. Das Bild vom Menschen nach Genesis 1, 26 ist – wie vom russischen Philosophen Vasilij V. Zen'kovskij (1881-1962) dargestellt – das Bild vom Menschen in der Ostkirche. In Anlehnung an Origenes und Irenäus ist das göttliche Bild vom Menschen im Menschen angelegt. Das „Gottesgleichnis" (Gott gleich zu werden) ist die Aufgabe des Menschen im Leben auf der Erde, d.h. seine Göttlichkeit und Vollkommenheit zu entfalten.[49]

Die zwei Sammelbände *Izborniki* aus den Jahren 1073 und 1076 enthalten hauptsächlich verschiedene Texte aus der patristischen und frühbyzantinischen Zeit. Das *Izbornik Svjatoslava* (1073) wurde im 9. Jahrhundert im Auftrag des Zaren Symeon in Bulgarien übersetzt und kam im 11. Jahrhundert in die Rus' zu dem Kiever Großfürsten Svjatoslav. In jenem ist auch ein Traktakt enthalten, in dem die Sprüche Salomons *Die Weisheit baut sich einen Tempel* reflektiert werden. Nach Avenarius muss dieses Traktat großen Zuspruch gefunden haben, da die ersten Kirchen und auch Ikonen der göttlichen Weisheit gewidmet wurden. Im *Izbornik* (1076) sind u. a. Auszüge aus dem *Buch der Weisheit des Jesus Sirach* enthalten.[50]

~ 1200
Gründung Universität Cambridge

Dahm weist darauf hin, dass die o. g. übersetzten Werke wichtig für das Entstehen des philosophischen *„Begriffgefüges"* waren.[51] Tornow stellt dar, dass heidnisch-antike Literatur nur in einem geringfügigen Maße – von der Kirche selektiert – Eingang in die Rus' gefunden habe und erst im 17. Jahrhundert verstärkt nach Russland kam.[52] Gustav Wetter dagegen schreibt, dass die russische Philosophie im griechischen Denken der Antike, vor allem im Neuplatonismus, verwurzelt ist und dass über die Werke der griechischen Patristik, die in die altkirchenslavische Sprache übersetzt wurden, die reiche liturgische Hymnographie der byzantinischen Kirche und Ikonen vermittelt wurde. Oströmische Kirchenväter waren vorrangig Theologen, aber sie philosophierten auch und beschäftigten sich mit den Werken von Platon, Aristoteles und den Neuplatonikern. Als patristisches Gedankengut mit bewusstseinsbildendem Potential führt er beispielsweise den *„Gedanke, dass das gesamte Menschengeschlecht eine seinsmäßige Einheit bildet"* an. Des Weiteren nennt Wetter den *„Gedanke von der Einheit des Realen und Idealen (Geistigen) der sichtbaren und unsichtbaren Welt, der Erde und des Himmels"* und die *„Vorliebe für Paradoxie* [. . .] *Mit besonderem Nachdruck kehrt die byzantinische Liturgie die Antinomie der jungfräulichen Mutterschaft Mariens hervor. Die Mutter Gottes ist selbst ein einziges großes Geheimnis."* [53]

Von den Ostslaven selbst wurden auch schriftliche Werke geschaffen, die philosophisch und ethisch bedeutend sind. Dazu gehören:

- Predigt *Wort über Gesetz und Gnade* von dem ersten ostslavi schen Metropoliten Ilarion zur Zeit Jaroslavs des Weisen (1040)
- *Sendschreiben* Nikifors an Vladimir Monomach (12. Jahrhundert)
- *Nestorchronik* (besonders die *„Rede des Philosophen"*; um 1113)
- *Sendschreiben an den Presbyter Foma* von dem zweiten ostslavi schen Metropoliten Kliment von Smolensk († nach 1154)
- Sendschreiben und Traktate des Kirill von Turov (um 1130-1182)
- *Lied von der Heerfahrt Igor's* (1185?)
- *Bittschrift* des Daniil Zatočnik an den Fürsten Jaroslav von Perejaslavl'-Severskij (12./13. Jahrhundert)
- Bylinen (mündlich überlieferte epische Heldenlieder)

In der Predigt *Wort über Gesetz und Gnade* stellt Ilarion im 1. Teil das *Alte Testament* (Gesetz) und das *Neue Testament* (Gnade) gegenüber. Im 2. Teil lobpreist er die Kiever Großfürsten Vladimir I. (den Heiligen) und Jaroslav den Weisen. Die Meinungen über dieses Werk sind unterschiedlich. Levickij sieht die Rede rhetorisch elegant, aber inhaltlich nicht sehr aussagekräftig.[54] Anders äußert sich Rose, der das Werk sehr ausführlich analysiert. Ilarion teilt mit, dass es zwei Wege gibt, die Wahrheit zu erkennen. Der erste führt über den Verstand und das Denken (Gesetz), der zweite über die Stille bzw. einleuchtende Erkenntnis (Gnade). In der Stille offenbart sich die Wahrheit. Ilarion zeigt auf, dass der zweite Weg der richtige für
~ 1205 Nibelungenlied
die Ostslaven sei.[55] Rose meint dazu: *„Der Zugang zu Gott erfolgt nicht auf dem Wege der rationalen Erkenntnis oder eines verstandesmäßigen Erfassens der Gottheit, sondern durch die Glaubensschau der Geheimnisse Gottes, die in der Anbetung gewährt wird, in dem man während der Liturgie der Gegenwart und der Herrlichkeit Gottes inne wird. Gotteserkenntnis ist nicht Resultat des rationalen Denkprozesses, nicht die Frucht der Anstrengung der menschlichen Vernunft, sondern eine Tatsache der Offenbarung, die Gott durch den heiligen Geist wirkt. Die Erleuchtung des Menschen ist also ein Gnadengeschenk und eine Wundertat Gottes, die den Menschen zum höchsten Lobpreis verpflichten."* [56]

In der Predigt *Wort über Gesetz und Gnade* kommt der (All-)Einheitsgedanke zum Ausdruck. Zum einen: Gott und Jesus sind eins. Zum anderen: Nicht nur die Menschen, sondern das ganze ostslavische Land würde durch die Annahme des Christentums erleuchtet werden. Vielleicht ist dies in dem Sinne zu verstehen, dass für einen Menschen im Zustand eines weiten göttlichen Bewusstseins alles eins ist. Rose äußert, dass Ilarion auch eine „russische Idee" aufzeigt. Nach dem *Lexikon der russischen Kultur* ist sie ein *„Element im russischen Denken, das die nationale Selbsterkenntnis entfalten, Russlands Platz und Rolle in der allgemeinen Geschichte bestimmen und die Besonderheiten des nationalen Charakters beschreiben soll."* [57]
Für Ilarion ist die Zeit gekommen, in der die Ostslaven unabhängiger und in eigener Verantwortung von Byzanz regieren und den Kultus ausführen können, um die besondere Mission, die das Land hat, zu

erfüllen. Die russische Idee als solche wurde in den nächsten Jahrhunderten von anderen aufgegriffen, reflektiert und weiter entwickelt, insbesondere von Fëdor M. Dostoevskij (1821-1881), Vladimir S. Solov'ëv (1853-1900), Nikolaj A. Berdjaev (1874-1948).

Im *Sendschreiben an Vladimir Monomach* erwähnt der Kiever Metropolit Nikifor die Dreiteilung der Seele. Diese Sichtweise geht auf Platon zurück.[58] In der *Nestorchronik* wird der Wert der Bildung und der Weisheit hoch eingeschätzt. Der Chronist schreibt: *„Denn wenn du in den Büchern fleißig nach Weisheit suchst, so wirst du großen Nutzen für deine Seele finden. Denn wer die Bücher oft liest, der redet mit Gott oder mit heiligen Männern. Wenn man die Reden der Propheten und die Lehren des Evangeliums und der Apostelschriften und die Lebensbeschreibungen der heiligen Väter liest, so empfängt die Seele großen Nutzen."* [59]

~ 1210
Parzival,
Wolfram von Eschenbach

Klimet von Smolensk, der als Philosoph galt, verteidigt sich in einem Sendschreiben an den Presbyter Foma. Ihm wurde vorgeworfen, sich von antiken Gelehrten, wie Homer, Aristoteles und Platon, beeinflussen zu lassen. Im Sendschreiben gab er zu, dass er antike Schriften studierte, wirft aber die Kritik der Ruhmessucht und komplizierter Ausdrucksweise zurück. Demnach waren Werke antiker griechischer Philosophen durchaus in der Rus' bekannt.

Im Volk sind mindestens seit dem 10. Jahrhundert epische Heldenlieder entstanden, die zunächst „starina" oder „starinka", später, ab dem 19. Jahrhundert, als man begonnen hatte, sie aufzuzeichnen, „**Bylinen**" genannt werden. Diese wurden von Bauern, Sängern (ehemalige Krieger) und wandernden Spielleuten (Skomorochen) vorgetragen. In den Bylinen sind oftmals Recken mit außergewöhnlichen Eigenschaften und Fähigkeiten die Helden, die ihr Heimatland – die Rus' – vor Feinden beschützen und retten. Zu ihnen gehören z. B. Alëša Popovič, Dobrynja Nikitič und Ilja Muromec.[60] Letzter kämpft, wie es in einer Byline heißt: *„Nicht um des Fürsten Vladimir willen und nicht um der Fürstin Apraksa, der Königstochter willen, sondern um des Mütterchens willen, des heiligen Landes Rus'."* [61] Russische Komponisten aus dem 19. Jahrhundert wählten historische Themen und Volksdichtungen aus der Zeit der Kiever Rus' als Vorlagen für ihre Opern.

Für Rose liegt im Kiever Höhlenkloster der Quellort russischen Geisteslebens. Die Mönche nahmen einerseits das byzantinische Mönchtum an, aber andererseits kristallisierte sich eine spezielle russische Mystik heraus. Grundsätzlich legten die Mönche Wert auf den inneren Weg (Studium der heiligen Schriften, Askese, Gebete, Schweigen, Stille) verbunden mit dem Gemeinschaftsleben im Kloster, das den Egoismus überwinden sollte. Die Mönche lebten aber nicht nur in Abgeschiedenheit hinter verschlossenen Klostermauern und strebten nach der eigenen Erleuchtung bzw. der Vereinigung der eigenen Seele mit Gott, sondern pflegten den Kontakt zur Außenwelt, indem sie Anteil am aktuellen Geschehen in der Rus' nahmen und Menschen, die zu ihnen kamen und ihren Rat suchten, Hilfe anboten. Die Stimme der Geistlichen wurde in der Rus' gehört und wertgeschätzt. Nicht nur Notleidende, Trostbedürftige, Arme, Lernbegierige befragten die Mönche, sondern auch Reiche, Adlige, Fürsten und Herrscher, die auch dem Kloster großes Vermögen hinterließen. So begann sich das Starzentum (старчество) zu entwickeln.[62]

Die Forscher fragen sich, weshalb Russland bis zum Erwachen der eigentlichen Fachphilosophie im 18./19. Jahrhundert so gut wie geschwiegen hat. Zum einen wird es damit begründet, dass das Erlernen der griechischen Sprache vernachlässigt wurde. Da wichtige religiöse Schriften vom Griechischen ins Altkirchenslavische übersetzt wurden, beherrschten wohl nur wenige die griechische Sprache. Somit blieb der Großteil der Werke griechischer Philosophen, die nicht übersetzt wurden, unbeachtet. Andererseits könnte es auch an der speziellen Mentalität der Ostslaven, ihrer russischen Seele, liegen, was Ausdruck in einer innerlichen oder mystischen Philosophie (Mystik) und in der Philosophie in Bildern Ausdruck fand.

1225-1274
Thomas von Aquin, Scholastik

2.6 Zusammenfassung

Zusammenfassend lässt sich feststellen, dass sich durch Staatsbildung und Annahme des orthodoxen Christentums bei den Ostslaven ein großer Wandel vollzog. Der neue Glaube hat die althergebrachten Religionen in sich aufgenommen. Der Mensch, der nach Gottes Ebenbild vom Höchsten geschaffen wurde, erhielt Bedeutung. Speziell in der Kiever Rus' ist

- eine innerliche, nicht rationale bzw. mystische Philosophie
- eine weibliche Philosophie (eine Hinwendung zum weiblichen/ mütterlichen Anfang) und
- eine Verehrung der Weisheit in weiblicher Gestalt kennzeichnend.

---

1 Vgl. *Lexikon der russischen Kultur*, S. 384; vgl. *Lexikon der Geschichte Russlands*, S. 334.

2 Vgl. Donnert, Erich: *Das Kiewer Rußland*, S. 31-33; vgl. auch Milner-Gulland, Robin und Dejevsky, Nikolai: *Russland*, S. 36-38; vgl. auch Wikipedia.

3 Vgl. *Lexikon der russischen Kultur*, S. 314.

4 Vgl. *Рябов, О. В.: Русская философия женственности (XI-XX века)*, С. 35-46.

5 Vgl. Rybakov, B. A.: *Die Kunst der alten Slaven*, S. 35 und 44.

6 Rose, Karl: *Grund und Quellort des russischen Geisteslebens*, S. 12.

7 Die Nestorchronik, auch *„Erzählung der vergangenen Jahre"*, ist ein bedeutendes historisches und literarisches Werk, das aus mehreren Quellen von Mönchen im Kiever Höhlenkloster geschrieben wurde. Die Redaktion im Jahre 1116 erfolgte durch den Abt Sil'vestr. Vgl. hierzu Müller, Ludolf: *Handbuch zur Nestorchronik. Band IV.*

8 *Altrussisches Kulturlexikon*, S. 107.

9 Vgl. Müller, Ludolf (Hrsg.): *Nestorchronik*, S. 33 und 54 f.

10 Vgl. Müller, Ludolf (Hrsg.): *Nestorchronik*, S. 103-146.

11 Vgl. *Altrussisches Kulturlexikon*, S. 107-110.

12 Vgl. Nossowa, Natalija: *Russland in kleinen Geschichten*, S. 36 f.; vgl. auch Nestorchronik, S. 135 f.

13 Vgl. Rose, Karl: *Grund und Quellort des russischen Geisteslebens,* S. 74 und 93.
14 Rose, Karl: *Grund und Quellort des russischen Geisteslebens*, S. 75.
15 Holzbauer, Matthias: *Verfolgte Gottsucher*, S. 17.
16 *Lexikon der russischen Kultur*: *Zwieglaube*, S. 492.
17 Vgl. Rybakov, B. A.: *Die Kunst der alten Slaven*.
18 *Lexikon der russischen Kultur*, S. 493.
19 Rose, Karl: *Grund und Quellort des russischen Geisteslebens*, S. 60.
20 Rose, Karl: *Grund und Quellort des russischen Geisteslebens*, S. 93.
21 Vgl. Donnert, Erich: *Das Kiewer Russland,* S. 159-169, vgl. auch Hildermeier, Manfred: *Geschichte Russlands*, S. 118 ff.
22 Kondakov; zit. nach Rose, Karl: *Grund und Quellort des russischen Geisteslebens, S. 58.*
23 Lilienfeld, Fairy: *Sophia – Die Weisheit Gottes*, S. 216.
24 Damaskus, Johannes von; zit. nach Nikolaou, Theodor: *Die Ikonenverehrung als Beispiel ostkirchlicher Theologie und Frömmigkeit nach Johannes von Damaskos*, S. 147.
25 Florenskij, Pavel: *Ikonostase*, S. 97.
26 Vgl. Ivanov, Vladimir: *Russland und das Christentum*, S. 160 f.
27 Zit. nach Onasch, Konrad / Schnieper, Annemarie: *Ikonen*, S. 19.
28 Vgl. *Lexikon der russischen Kultur*, S. 193.
29 Aitzetmüller, R.: *Das Hexaemeron des Exarchen Johannes*, Bd. VI, S. 25 f.
30 Vgl. *Lexikon der russischen Kultur*, S. 193 ff., vgl. auch Ivanov, Vladimir: *Russland und das Christentum*, S. 157-167; vgl. auch Kämpfer, Frank: *Von heidnischer Bildwelt zur christlichen Kunst*, S. 119.
31 Vgl. *Altrussisches Kulturlexikon*, S. 23 u. 88.
32 Zit. nach Nikolaou, Theodor: *Die Ikonenverehrung als Beispiel ostkirchlicher Theologie und Frömmigkeit nach Johannes von Damaskos,* S. 149.
33 Vgl. *Lexikon der russischen Kultur*, S. 195.
34 Vgl. Milner-Gulland, Robin und Dejevsky, Nikolai: *Russland*, S. 46, vgl. auch Ivanov, Vladimir: *Russland und das Christentum*, S. 172-178.
35 Vgl. *Lexikon der russischen Kultur*, S. 194.
36 Neumann, Erich: *Die Große Mutter*, S. 117.
37 Vgl. Neumann, Erich: *Die Große Mutter*, S. 33 ff. sowie 117-122, vgl. auch Biedermann, Hans: *Knaurs Lexikon der Symbole*, S. 317.
38 Neumann, Erich: *Die Große Mutter*, S. 309 f.
39 Vgl. Neumann, Erich: *Die Große Mutter*, S. 301 sowie S. 305-314.
40 DG, Band VIII, S. 356 f.
41 Vgl. Müller, Ludolf (Hrsg.): *Nestorchronik*, S. 187; vgl. auch *Lexikon der russischen Kultur*, S. 70 f.; vgl. ebenso Tornow, Siegfried: *Handbuch der Text- und Sozialgeschichte Osteuropas*, S. 123 f.
42 Vgl. Dahm, Helmut: *Grundzüge russischen Denkens*, S. 11; außer Bibel.
43 Vgl. Avenarius, Alexander: *Die byzantinische Kultur und die Slaven*, S. 201.
44 Damaskos, Johannes von: *Philosophisches Kapitel*, S. 89 f.
45 Vgl. Damaskos, Johannes von: *Philosophisches Kapitel*, S. 76.
46 Vgl. Besobrasof, Marie: *Handschriftliche Materialien zur Geschichte der Philosophie in Russland*, S. 13.
47 Tornow, Siegfried: *Handbuch der Text- und Sozialgeschichte Osteuropas*, S. 107.
48 Vgl. Besobrasof, Marie: *Handschriftliche Materialien zur Geschichte der Philosophie in Russland*, S. 19 f.; Rudolf Aitzetmüller: *Das Hexaemeron des Exarchen Johannes*, Band I, S. VII.
49 Vgl. Zen'kovskij, Vasilij: *Das Bild vom Menschen in der Ostkirche,* S. 17.
50 Vgl. Avenarius, Alexander: *Die byzantinische Kultur und die Slaven*, S. 200-203.
51 Vgl. Dahm, Helmut: *Grundzüge russischen Denkens*, S. 11; ohne Bibel.

52 Vgl. Tornow, Siegfried: *Handbuch der Text- und Sozialgeschichte Osteuropas*, S. 127.
53 Vgl. Wetter, Gustav A.: *Ursprünge und erste Entwicklung der russischen Philosophie*, S. 3-16.
54 Levickij, Sergej A.: *Russisches Denken*, Bd. 1, S. 11.
55 Vgl. auch *Lexikon der russischen Kultur*, S. 70 f.
56 Rose, Karl: *Grund und Quellort des russischen Geisteslebens*, S. 149 f.
57 *Lexikon der russischen Kultur*, S. 190.
58 Vgl. Besobrasof, Marie: *Handschriftliche Materialien zur Geschichte der Philosophie in Russland*, S. 9.
59 Müller, Ludolf (Hrsg.): *Nestorchronik*, S. 188.
60 Vgl. Gudzij, Nikolaj: *Geschichte der russischen Literatur*, S. 14-19; vgl. auch Grasshof, Helmut: *Geschichte der russischen Literatur*, Bd. 1, S. 30-32.
61 Gudzij, Nikolaj: *Geschichte der russischen Literatur*, S. 18.
62 Vgl. Rose, Karl: *Grund und Quellort des russischen Geisteslebens*, S.99-123.

„Wenn es ein Symbol für das entstehende fromme Russland gab – dann waren es die Ikonen."

Manfred Hildermeier

3 Tatarenherrschaft (1240 bis 1480)

3.1 Historisches

Mit Tataren wurden in Europa die im 13. Jahrhundert unter Dschingis Khan vereinigten Mongolen und Turkvölker bezeichnet. Dschingis Khan selbst nannte sie Mongolen. Im Jahre 1223 drangen sie in die südrussischen Steppen ein, besiegten die Ostlaven und Polovzer (Kumanen) in der Schlacht an der Kalka und verließen das Land zunächst wieder. Kurz darauf im Jahre 1227 starb Dschingis Khan, der das mongolische Weltreich geschaffen hatte. Zehn Jahre später kamen die Tataren[1] – angeführt von Dschingis Khans Enkel Batu – wieder, zerstörten das Reich der Wolgabulgaren, Rjazan'[2], Moskau und andere Städte sowie im Jahre 1240 die Stadt Kiev fast völlig. Die ostslavischen Fürstentümer wurden in die Goldene Horde[3] einverleibt. Ihre örtlichen Strukturen blieben jedoch bestehen. Die Tataren verwüsteten das Land und verschonten nur die, die sich nicht widersetzten. Die Folgen des Mongolensturms für die ostslavischen Fürstentümer waren verheerend: viele Tote, psychischer Schock, wirtschaftlicher Ruin, kultureller Niedergang, . . .

1241
Mongolen besiegen ein deutsches Heer bei Liegnitz

Die Mongolen übten keine direkte Herrschaft aus. Sie ließen zunächst durch eigene Beamte, später durch die altrussischen Fürsten, hohe Tribute eintreiben. Die Ostslaven wurden verpflichtet, im Kriegsfall die Tataren militärisch zu unterstützen, also Heeresfolge zu leisten. Wer nicht zahlte oder sich den Befehlen widersetzte, erlag Strafgerichten. Von den Tributzahlungen und Zwangsrekrutierungen blieben die Kirche und die Klöster verschont. Es war keine religiöse Eroberung. Innerhalb des Mongolenreiches gab es verschiedene Religionen, die geachtet wurden. Die Mongolen waren schamanische Heiden. Auch als die Goldene Horde im 14. Jahrhundert den Islam als Staatsreligion annahm, wurden Andersgläubige nicht verfolgt. Der Literatur ist zu entnehmen, dass sich etwa ab den 80er Jahren des 13. Jahrhunderts in den altrussischen Fürstentümern die Wirtschaft und der Handel allmählich erholten. Dies lag im Interesse der Tataren, die von den höheren Abgaben profitierten.

Im Jahre 1380 besiegte der Großfürst Donskoj die Tataren auf dem Schnepfenfeld am Don. Allerdings mussten die Ostslaven noch ungefähr 100 Jahre Tribut zahlen. Beide Heere standen sich noch einmal im Jahre 1480 an der Ugra gegenüber. Sie bekämpften sich jedoch nicht, sondern handelten den Tribut neu aus. Damit endete die tatarisch-mongolische Oberherrschaft in den altrussischen Fürstentümern.[4]

Abb. 8: Das Weltreich der Mongolen
Quelle: Anette Bruckmann, mit freundlicher Genehmigung

3.2 Kirche, Klöster und Mystik

~ 1260-1327
Meister Ekkart

Während der Tatarenherrschaft wurde das Christentum gefestigt. Als einzigste gesamtrussische Institution waren die orthodoxe Kirche und ihre Klöster zu einer bedeutenden Macht gewachsen. Da sie keinen Tribut an die Tataren zahlen mussten, hatten sie die Einkünfte zur eigenen Verfügung. Aus Gebühren, Schenkungen und Erbschaften, die vor allem aus der Seelsorge stammten, wuchsen die Kirchen und Klöster zum zweitgrößten Grundbesitzer nach dem Großfürsten heran. Dank kluger und ordnungsgemäßer Verwaltung des Eigentums vermehrte sich ihr Reichtum. Aber es gab auch kritische Stimmen, die meinten, dass mit großem Vermögen und wachsender weltlicher Macht der ursprüngliche Sinn der Kirche und der Klöster verloren ginge. Im Zuge der Anerkennung des Hesychasmus in Byzanz als orthodoxe Lehre kam diese asketisch-mystische Form auch in das altrussische Land. Vielleicht aufgrund des Krieges, der Verwüstung, des Niedergangs und des wachsenden Reichtums der Kirchen flüchteten Menschen in die Einsiedelei und wandten sich von der irdischen Welt ab. Das Eremitentum gewann Zulauf.[5]

Der **Hesychasmus** wurde auf den Konzilen in den Jahren 1341 und 1351 als offizielle orthodoxe Lehre anerkannt. Das griechische Wort „hésychía" bedeutet „Ruhe, Stille, heiliges Schweigen". Der Hesychasmus ist eine Form der byzantinischen Mystik, die auf eine alte sinaitische Mystik aus dem 4. bis 7. Jahrhundert bzw. einer Wüstenmystik aus dem 1./2. Jahrhundert zurückgeht. Ihre byzantinischen Hauptvertreter sind Johannes Klimax (vor 579-um 649), Symeon der Theologe (949-1022) und Gregorios Sinaites (1255-1346). Im Zuge des heftigen Hesychastenstreites entwickelte Gregorios Palamas

(1296-1359) eine Lehre zum Hesychasmus in schriftlicher Form. Zur Praxis des „Geistigen Tuns" gehört das Jesus-Gebet *Jesus Christus, erbarme Dich meiner*, das sehr häufig täglich gebetet wird. Die Anzahl gibt ein Starze vor, beispielsweise 3000 Mal pro Tag; aber nur Einsiedler können diese Vorschrift erfüllen. Außerdem muss eine gewisse Technik des Atmens, eine bestimmte Körperhaltung und das „im Herzen sein" beim Beten beachtet werden. Durch individuelles Versenken und inneres Vervollkommnen wird die Gemeinschaft bzw. Einheit mit Gott angestrebt, die als Lichtvision („Taborlicht") erfahrbar sei. Der Mensch würde dann „vergöttlicht".

1259-1294
größte Ausdehnung des Mongolen-Reiches unter Kublai Khan

Gregorios Palamas Gegner, Barlaam aus Kalabrien (1290-1350), kritisierte, von westlicher Philosophie beeinflusst, dass Gott nicht wahrnehmbar sei. Infolge der offiziellen Anerkennung der Lehre von Palamas nahm das Eremitentum zu. Der Hesychasmus kam Ende des 14. Jahrhunderts über südslavische Emigranten, die vor den Osmanen flohen, und durch die wiederbelebten Beziehungen zu Byzanz nach der siegreichen Schlacht gegen die Tataren im Jahre 1380 ins altrussische Land.[6] Anzumerken ist, dass eine sehr hohe Anzahl von Gebeten zwangsweise zum weltabgewandten Leben führt, das nicht (mehr) im Sinne des göttlichen Anfangs steht. Die Kernlehre „Der Mensch ist ein Gott./Der Mensch ist ein Ebenbild Gottes.", die noch in den Schriften enthalten ist, wurde mit diversen „Techniken" vernebelt, weil man meinte, mit Beten, Askese, Einsiedelei usw. „göttlich" bzw. „erlöst" werden zu können. Dagegen ist das „im Herzen sein" positiv zu werten, da es ein Ort jenseits von Emotionen ist. Die Mönche, die diese mystische Form der Ostkirche praktizierten, wurde bewusst, dass die wichtigste Aufgabe für einen Menschen darin besteht, zu erkennen, wer er ist bzw. die Einheit mit seinem Anfang wiederherzustellen.

Der Bojarensohn **Sérgij von Rádonež** (um 1314/1321-1391) suchte in der Einsamkeit den Kontakt bzw. die Einheit mit dem Göttlichen. Er wählte einen Ort in den Wäldern im Norden Russlands. Ihm folgten Mönche, die er zunächst wohl verjagen wollte, aber später belehrte. Sie baten Sergij, die Einsiedelei in ein Kloster umzuwandeln und es als Abt zu leiten. Bei Zagorsk gründete er ein kleines Dreifaltigkeitskloster und führte die Klosterregel nach der koinobitischen Regel von Theodoros Studites ein. Obwohl Sergij ein Einsiedlerleben führte, nahm er dennoch Anteil am Zeitgeschehen und beriet z. B. Fürsten, die mit ihren Brüdern stritten, und segnete den Großfürsten Donskój vor der entscheidenden Schlacht gegen die Tataren. Ob Sergij selbst Hesychast war, ist aus den Quellen nicht ersichtlich. Er wurde nach seinem Tod von der orthodoxen Kirche heilig gesprochen und vom russischen Volk in besonderem Maße verehrt. Im Unterschied zu den Hesychasten vertrat er die Ansicht, dass das Göttliche auch visuell bzw. in personeller Gestalt erfahrbar ist. Sergij hatte selbst mystische Erlebnisse, die teilweise in seiner Vita von Epifánij dem Weisen, beschrieben sind, ein Werk, das jedoch später „überarbeitet" wurde. Eine Begegnung mit der Gottesmutter Maria ist in der Vita nur karg beschrieben. Ivanov analysiert, dass das innere

1265-1321
Dante Alighieri

Denken und Fühlen des Sergij nicht offenbart wurde. Dies ist in der Ostkirche üblich. Ivanov zitiert dazu Vladimir Losskij: *„Die persönlichen Erfahrungen der großen Mystiker der orthodoxen Kirche sind uns oft unbekannt* [. . .] *Der Weg der mystischen Vereinigung mit Gott ist fast immer ein Geheimnis zwischen Gott und der Seele, die sie anderen nicht preisgibt, es sei denn dem Seelsorger oder einigen Schülern. Wenn doch etwas verlautet, so lediglich die Frucht solcher Vereinigung wie Weisheit und Gotterkenntnis, die sich in theologischer Lehre oder sittlicher Unterweisung, in Empfehlungen und in der Erbauung der Bruderschaft bezeugt. Was nun die innerste persönliche Erfahrung angeht, so bleibt sie allen Blicken entzogen."* [7]

1254-1324
Marco Polo, Reiseberichte

Aus der Mystik heraus entwickelte sich eine Einsiedlerbewegung. Angestoßen u. a. durch Sergij von Randonež gingen Mönche in den Norden Russlands in den Wald, um in Abgeschiedenheit zu beten, zu fasten und in die Einheit mit Gott zu gelangen. Die Mönche flüchteten aus der „irdischen" Welt und suchten über Askese und Abgeschiedenheit ihr geistiges Glück. Ungefähr 200 Klöster wurden innerhalb von 100 Jahren gegründet. Den Mönchen folgten Bauern, die das „neue" Land besiedelten und bebauten. Sie lebten wohl mit den Einsiedlern in einer Art „Symbiose".[8]

3.3 Ikonen

~ 1300
Mannessische Handschrift,
Minnelieder

Die Ikonenmalerei erlebte im 14. Jahrhundert in Altrussland eine große Blüte – eine Vorrenaissance. Ikonen wurden besonders verehrt. Das russische Volk war und ist für diese Form – der „Philosophie des Bildes" – sehr empfänglich. Die altrussische Vorrenaissance wird mit der spirituellen-mystischen Bewegung, die damals das Land durchströmte, in Verbindung gebracht. Es fehlen aber Reflexionen philosophischer Art aus dieser Zeit. Das Bild genoss den Vorrang vor der Schrift.[9]

Abb. 9: Vorderseite der Ikone von der Gottesmutter vom Don, 1390er Jahre, Theophanes der Grieche (?)
Quelle: Wikimedia Commons

Ein berühmter Ikonen-, Fresken- und Miniaturenmaler dieser Epoche war der Grieche **Theophanes** (russ. Feofán Grek; 1330/1340 bis 1405/1410), der wohl um 1378 nach Russland kam. Dort blieb er für den Rest seines Lebens und vervollkommnete sein künstlerisches Schaffen. Theophanes Stil berührte die Russen. Er verband seine Erfahrungen vom Ausmalen von Kirchen und Kathedralen in Konstantinopel, Chalkedon, Galata und Kaffa (Feodosija) mit den neuen Impulsen, die er im russischen Volk und seiner Seele wahrgenommen hat. Lazarev erläutert dazu: *„Und das alles war möglich, weil der große Meister die Empfindungen der russischen Menschen wiederzugeben wußte und tief in ihre Gedanken und Gefühle eindrang. Deshalb gilt Theophanes in der Geschichte der russischen Kunst auch nicht als ein zugereister Ausländer, sondern als ein aktiver Erbauer der russischen geistigen Kultur."* [10] Epifánij der Weise (Epifanij Premudryj) schrieb um das Jahr 1415 begeistert in einem Brief an Kiríll von Tver', dass Theophanes *„ein berühmter Weiser und ein sehr schlauer Philosoph"* [11] war. Sein Malstil hob sich von anderen ab. Von seinen Werken ist in Abbildung 9 die Gottesmutter vom Don (Донская икона Божией Матери) zu sehen.[12]

1304-1374
Francesco Petrarca, italienischer Dichter und Humanist

In Abbildung 10 ist Jesus als Pantokrator (grch.: Allherrscher) dargestellt. Hildermeier beschreibt das Fresko wie folgt: *„Seine Darstellung von Christus als Pantokrator, der mit dem strengen, mitleidlosen Blick obersten Herrschers und Richters von höchster Stelle der Kuppel auf die Welt herniederblickt, illustrierte gleichsam das ehrfurchtgebietende Gottesbild hesychastischer Frömmigkeit."* [13]

*Abb.10: Christus Pantokrator auf einem Fresko.
Theophanes der Grieche 1378, Kirche zur Verklärung Christi an der Iljina-Straße in Novgorod
Quelle:
Wikimedia Commons*

*Abb. 11: Ikone Dreieinigkeit um 1411, Andrej Rublëv,
Tret'jakov-Galerie, Moskau
Quelle: Wikimedia Commons*

1348-1350
Pest in Europa

Ein meisterhafter Schüler Theophanes – der Mönch **Andrej Rublëv** (um 1360/1370-1430) – malte mit ihm im Jahre 1405 die Maria-Verkündigungskathedrale im Kreml in Moskau aus. Bei seinen Werken verwendete Rublëv zarte Farben und Formen. Onasch und Schnieper vermuten daher den Einfluss von Sergij von Radonež, der für die damaligen Mönche ein großes Vorbild war und jegliche Form von Übertreibungen vermied. Über Rublëv's Leben ist aber wenig bekannt. Eines seiner berühmten Werke ist die Ikone *Dreieinigkeit* (vgl. Abb. 11).

Die Szene geht auf die Episode im *Alten Testament* zurück, in der im Hain Mamre drei „Engel" bzw. der göttliche Anfang in drei Gestalten Abraham und Sara besuchen (Gen 18,1-21). Die Interpretationen sind ganz unterschiedlich.[14] Pavel Florenskij schreibt zu dieser Ikone: *„Von allen philosophischen Beweisen der Existenz Gottes klingt gerade der am überzeugendsten, der in den Lehrbüchern nicht einmal erwähnt wird; er läßt sich als Schlußfolgerung etwa so konstruieren: ‚Es gibt die Dreifaltigkeit Rublëvs, folglich gibt es Gott.'"* [15]

1348
Gründung Universität Prag

Im Kiever Psalter aus dem Jahre 1397 beim 6. Vers des 45. Psalms befindet sich eine bildhafte Darstellung der **Heiligen Sophia**. Die Miniatur ist neben dem 6. Vers: *„Gott ist in ihrer (d.i. der Gottesstadt) Mitte, darum wird sie niemals wanken; Gott hilft ihr, wenn der Morgen anbricht."* [16] abgebildet. Auf dem Triumphbogen der Kiever Sophienkathedrale befindet sich derselbe Vers. Im Psalter steht in einer dreikuppeligen Kirche eine Gestalt in einem kaiserlichen Gewand mit erhobenen Armen und Flügeln. Über ihr befindet sich in Kirchenslavisch die Inschrift: *„svjataja Sophija"* (Heilige Sophia). In der Literatur wird diese Gestalt meist als ein Engel, der die Kirche stützt, interpretiert.[17] Aber im Vers 6, der neben der Miniatur steht, ist zu entnehmen, dass der göttliche Anfang die Mitte der Gottesstadt ist. Und in mütterlichen Kulturen wurden Große Göttinnen bzw. Muttergöttinnen oftmals mit Flügeln und erhobenen Armen (Orante-Haltung) dargestellt.[18] Wird die Heilige Sophia hier mit dem göttlichen Anfang in weiblicher Gestalt gleichgesetzt?

3.4 Schriftliche Zeugnisse

1377-1445
Oswald von Wolkenstein, Dichter

Wie oben bereits erwähnt, kamen Südslaven, die vor den Osmanen flüchteten, aus Bulgarien und Serbien nach Altrussland. Im Zuge dessen begann die Übersetzung, vom Metropoliten von Kiev und Moskau Kiprian (ca. 1330-1406) veranlasst, verschiedener Werke ins Kirchenslavische. Nach Wetter wurden u. a. Werke mit mystisch-asketischem Inhalt, wie von Basilius dem Großen, Diadochus, Isaak dem Syrer, Hesychios, Johannes Klimakus, Maximus dem Bekenner und Pseudo-Dionysios Areopagita übertragen. Der Bulgare Kiprian selbst war Hesychast und übersetzte das Hauptwerk von Johannes Klimakus *Die Himmelsleiter* in Altkirchenslavisch.[19]

Besondere Bedeutung erlangte in Altrussland das im 14. Jahrhundert ins Altkirchenslavische übertragene Werk *Dioptra* (grch.: *Der Spiegel*) des griechischen Mönchs Philippos Monotropos (auch: Philippus Solitarius), der es vermutlich im Jahre 1095 geschrieben hat. Die *Dioptra* ist ein asketisches Werk mit rund 7000 Versen. Der erste Band enthält ein an die eigene Seele gerichtetes Bußgedicht. In den Bänden 2 bis 5 stellt in einem Dialog die Seele Fragen und der Körper antwortet. Es sind ungefähr 80 griechische und 180 slavische Handschriften des Werkes überliefert, was in der heutigen Fachwelt kaum bekannt ist.[20]

Im 14. Jahrhundert wurden auch die Werke des Pseudo-Dionysios Areopagita (um 500?) ins Altkirchenslavische übersetzt, wie z. B. *Über die himmlische Hierarchie, Über die kirchliche Hierarchie, Über die göttlichen Namen* und *Über die mystische Theologie*. Er verschmolz Neuplatonismus und orthodoxes Christentum. Für ihn steht der Einheitsgedanke im Vordergrund. Nach Wetter wurden seine Werke viel gelesen und übten einen nachhaltigen Einfluss auf die Philosophie der Ostslaven aus.[21]

1401-1464
Nikolaus von Kues

Besobrasof gibt an, dass die *Bienen* – Auszüge aus den zwei Sammlungen des Antonius Melissos und der Sammlung des Maximus Confessors – übersetzt wurden. Es liegen Handschriften aus dem 14. bis 18. Jahrhundert vor. Das Werk sei für die Altrussen bedeutend gewesen, insbesondere die Lehren der hellenistischen Philosophen, die erwähnt werden, wie Pythagoras, Leucippus, Demokrit, Diogenes, Sokrates, Aristipp, Platon, Xenophon, Xenocrates, Aristoteles, Zenon und Epiktet. Die Ostslaven wandelten einige Lehren aus den *Bienen* in Sprichwörter um.[22]

Dahm führt weitere Werke mit philosophischer Bedeutung an, die übersetzt wurden, so das Sammelwerk *Iz maticy zlatoj* mit naturphilosophischen Beiträgen des Johannes von Damaskus und aus dem Arabischen *Die Aristoteles-Pforten oder das Geheimnis der Geheimnisse* (15./16. Jh.).[23] Der Anteil an übersetzten Werken am gesamten Schrifttum war immer noch sehr hoch.

In **eigenen Werken** der Altrussen spielten der Mongolensturm und die Tatarenherrschaft eine große Rolle, wie z. B. in der *Klage vom Untergang des Rus'-Landes* (1238-1246), in der *Erzählung von der Zerstörung Rjazans durch Batu* und in der *Legende von der heiligen Stadt Kítež*. Vom Sieg über die Tataren auf dem Schnepfenfeld (Kulikovo-Pole) berichten die *Erzählungen von der Mamaj-Schlacht* und *Zadonščina* (Ende des 14. Jh.).[24] Des Weiteren berichtet Sinjavskij: *„In einem alten Text, der die Schlacht zwischen den Russen und den Tataren schildert, wendet sich die Mutter Feuchte Erde, d. h. die russische Erde, klagend und in Demut an die Heilige Muttergottes, um die russischen Menschen ihrer Obhut anzuvertrauen. Der russische Mensch hat drei Mütter, die einige Gemeinsamkeiten ausweisen: Die erste Mutter ist die Heilige Gottesmutter, [d]ie zweite Mutter – die Feuchte Erde, [d]ie dritte Mutter ist die, die den Schmerz auf sich nahm."* [25]

1441
Gründung der englischen Eliteschule Eton

In dem Versgedicht *Klage vom Untergang des Rus'-Landes* wird nach Osterrieder die russische Erde gelobpreist und der „Verlust des Paradieses" durch den Mongolensturm beklagt. *„O leuchtend lichtes und lichtrot-prächtig rötlich-glanzvolles Rus'isches Land = rotgoldene Erde,* [. . .] *an allem bist Du übervoll, o Rus'isches Land, o rechtgläubiger christlicher Glaube!"* [26] Hier wird die Liebe des unbekannten Autors zu seinem Heimatland deutlich erkennbar.

In einem altrussischen geistlichen Gesang, dem *Taubenbuch* (russ. *golubinaja kniga,* 12./13. Jh.), das auf der Bibel, auf den Apokryphen, archaischen Mythen und einer spezifischen russischen Auffassung basiert und deren Wurzeln vermutlich bis in die vorchristliche Zeit reichen, wird von „tiefen" Weisheiten berichtet. Es ist in drei Teile gegliedert:
1. Entstehung der Welt und des Menschen
2. Weltordnung
3. Prophetische Träume und Visionen[27]

Sinjavskij schlussfolgert: *„Die Verfasser geistlicher Gedichte waren zwar keine Theologen, aber doch gelehrte Menschen, die – und sei es nur durch mündliche Überlieferungen – von theologischer Literatur Kenntnis besaßen. Sie stellten eine Art „Volks-Intelligenzija" dar, die von tiefem geistigem Interesse an intellektuellen Problemen und von religiöser Unruhe erfüllt waren. Es drängte sie zu erfahren, wie die Welt beschaffen sei, woher sie ihren Ursprung nehme und wie ihr Ende aussehen würde, was den Menschen nach dem Tode erwarte und wie er seine Seele in dieser Welt vor der Sünde bewahren könne."* [28] Andere Schriften mit philosophischer Bedeutung liegen kaum vor. Wolf-Heinrich Schmidt merkt an, dass die Theologie der Hesychasten in der Rus' nicht so theoretisch reflektiert, sondern eher praktisch geübt wurde.[29] Wie schon bereits erwähnt, wurde hier das Augenmerk weniger auf Theorien, eher auf das praktische Umsetzen gelegt, d. h. sich nach Innen wenden und die Einheit mit dem Göttlichen anstreben. Nur Wenige studierten die Schriften, vom Volk wurden vielmehr Ikonen verehrt.

~ 1445
Erfindung des Drucks, Johannes Gutenberg

3.5 Zusammenfassung

Während der Tatarenherrschaft erblühte die Ikonenmalerei in den altrussischen Fürstentümern. Nach wie vor war der russische Mensch besonders für die „Philosophie des Bildes" empfänglich, die sich durch mystisch-asketische Bewegungen zu einer Vorrenaissance entfaltete. Auch das innere Bestreben, mit dem göttlichen Anfang Gemeinschaft zu halten bzw. sich mit ihm zu vereinigen, kennzeichnet die Epoche. Die innere Philosophie wurde nach Goerdt als die wahre Philosophie angesehen: *„Der gottesfürchtige Mönch, der sich um Einung mit Gott (Θεωσις, oboženie) bemüht, ist der wahre Philosoph."* [30]

~ 1450
Druckerei in Mainz

1 Čiževskij merkt hierzu an: *„Das große Reich der Goldenen Horde darf man als mongolisch bezeichnen; unter den Truppen, die Osteuropa 1237 und in den folgenden Jahren überfluteten, gab es sicherlich Mongolen. Man muß aber betonen, daß die Tataren, mit denen die Russen jahrhundertelang zu tun hatten, keine Mongolen sind, die gehören der weißen Rasse an."* Čiževskij, Dmitrij: *Das heilige Russland,* S. 66.

2 Stadt südöstlich von Moskau an der Oka.

3 Die Goldene Horde war ein Teilreich des mongolischen Imperiums in Mittelasien, Westsibirien und Osteuropa. Es wurde von Batu in Sarai im Jahr 1251 gegründet.

4 Vgl. *Altrussisches Kulturlexikon*, S. 154 f.; vgl. auch *Lexikon der russischen Kultur*, S. 441 f., vgl. auch Tornow, Siegfried: *Handbuch der Text- und Sozialgeschichte Osteuropas,* S. 168.
5 Vgl. Milner-Gulland, Robin und Dejevsky, Nikolai: *Russland*, S. 54; vgl. auch Hildermeier, Manfred: *Geschichte Russlands*, S. 201-204.
6 Vgl. Ivanov, Vladimir: *Russland und das Christentum*, S. 127-134; vgl. auch Städtke, Klaus (Hrsg.): *Russische Literaturgeschichte*, S. 22-24; vgl. auch Tornow, Siegfried: *Handbuch der Text- und Sozialgeschichte Osteuropas,* S. 150 f.
7 Ivanov, Vladimir: *Russland und das Christentum*, S. 113.
8 Vgl. Ivanov, Vladimir: *Russland und das Christentum*, S. 106-116; vgl. auch Tornow, Siegfried: *Handbuch der Text- und Sozialgeschichte Osteuropas*, S.171; vgl. auch Milner-Gulland, Robin und Dejevsky, Nikolai: *Russland*, S. 54; vgl. auch Hildermeier, Manfred: *Geschichte Russlands*, S. 204-206.
9 Vgl. Robin und Dejevsky, Nikolai: *Russland*, S. 56.
10 Lazarev, Viktor N.: *Theophanes der Grieche und seine Schule*, S. 113.
11 Epifánij der Weise; zit. nach Lazarev, Viktor N.: *Theophanes der Grieche und seine Schule*, S. 8.
12 Vgl. *Altrussisches Kulturlexikon*, S. 67 f., vgl. auch Lazarev, Viktor N.: *Theophanes der Grieche und seine Schule*, vgl. ebenso Onasch, Konrad / Schnieper, Annemarie: *Ikonen*, S. 84 und 168.
13 Hildermeier, Manfred: *Geschichte Russlands*, S. 219 f.
14 Vgl. *Altrussisches Kulturlexikon*, S. 201 f.; vgl. Onasch, Konrad / Schnieper, Annemarie: *Ikonen*, S. 84.
15 Florenskij, Pavel: *Die Ikonostase*, S. 75.
16 Lilienfeld, Fairy: *Sophia – Die Weisheit Gottes*, S. 130.
17 Vgl. Lilienfeld, Fairy: *Sophia – Die Weisheit Gottes*, S. 129 f.; vgl. auch Ammann. A. M.: *Darstellung und Deutung der Sophia im vorpetrinischen Russland*, S. 144 f.
18 Vgl. Neumann, Erich: *Die Große Mutter*, S. 258-261; vgl. auch Mischer, Jacqueline: *Mutter oder Göttin. Frühzeitliche Kultur im Osten Europas,* S. 100, 106, 116 f. und 130.
19 Vgl. Wetter, Gustav A.: *Ursprünge und erste Entwicklung der russischen Philosophie*, S. 13.
20 Vgl. Städtke, Klaus (Hrsg.): *Russische Literaturgeschichte*, S. 21; vgl. auch Besobrasof, Marie: *Handschriftliche Materialien zur Geschichte der Philosophie in Russland,* S. 21 f.
21 Vgl. Wetter, Gustav A.: *Ursprünge und erste Entwicklung der russischen Philosophie*, S. 4 f.; vgl. auch Besobrasof, Marie: *Handschriftliche Materialien zur Geschichte der Philosophie in Russland,* S. 24.
22 Vgl. Besobrasof, Marie: *Handschriftliche Materialien zur Geschichte der Philosophie in Russland,* S. 23 f.
23 Vgl. Dahm, Helmut: *Grundzüge russischen Denkens*, S. 12.
24 Vgl. *Altrussisches Kulturlexikon*, S. 134; vgl. auch Milner-Gulland, Robin und Dejevsky, Nikolai: *Russland*, S. 52 f.
25 Fedotov, G.: *Der russische Volksglaube in geistlichen Gesängen*, (russ.), Paris 1935, S. 18, zit. nach Sinjavskij, Andrej D.: *Ivan der Dumme: vom russischen Volksglauben*, S. 205.
26 Begunov, Jurij K.: *Pamjatnik russkoj literatury XIII veka. „Slovo o pogibeli russkoj zemli"*, S. 154; zit. nach Osterrieder, Markus: *Das Land der Heiligen Sophia*, S. 32 f. Der Originaltext *„светло-светлая и украсно-украшена земля Руськая"* wird auch so übersetzt *„das hell-helle und schmuck-geschmückte Russische Land"* oder ähnlich. Vgl. hierzu Gudzij, N. K.: *Geschichte der russischen Literatur. Altrussische Beispieltexte*, S. 19 sowie Gudzij, N. K.: *Geschichte der russischen Literatur,* S. 229.

27 Vgl. Sinjavskij, Andrej D.: *Ivan der Dumme: vom russischen Volksglauben*, S. 256-270; vgl. auch Kasack, Wolfgang: *Christus in der russischen Literatur*, S. 20. Sinjavskij und Kasack weisen auf sprachliche Verbindungen hin. So stammt „golubinaja" von „глубина – glubina" (dt. Tiefe) und „голубь – golub'" ist im Deutschen „die Taube", die ein Symbol des Heiligen Geistes ist.

28 Vgl. Sinjavskij, Andrej D.: *Ivan der Dumme: vom russischen Volksglauben*, S. 256.

29 Vgl. Städtke, Klaus (Hrsg.): *Russische Literaturgeschichte*, S. 22 f.

30 *Lexikon der russischen Kultur*, S. 348.

„Gewöhnlich bringt das Volk, das seine nationale Eigenart loben will, eben in diesem Lob sein Ideal der Nation zum Ausdruck [. . .] Was aber sagt in ähnlichen Fällen das russische Volk, womit lobt es Rußland? [. . .] Wenn es seine besten Gefühle für das Vaterland zum Ausdruck bringen will, spricht es nur vom ‚heiligen Russland'. [. . .] Es müssen jene besten Eigenschaften der russischen Nation [. . .] eingesetzt werden: wahre Religiosität, Bruderliebe, Weite der Gedanken, Toleranz, Freiheit von jeglicher Ausschließlichkeit und vor allem – geistliche Demut."

Vladimir Solov'ëv

4 Moskauer Rus' (15. Jh. bis 17. Jh.)

4.1 Historisches

Nach dem Ende der mongolisch-tatarischen Oberherrschaft entstand ein einheitlicher altrussischer Staat, der Moskauer Rus' (Moskovskaja Rus'), Moskauer Russland oder Moskauer Reich genannt wird. Das „Sammeln der Länder der Goldenen Horde" weitete sich bis nach Sibirien aus. In Abbildung 12 ist zu sehen, wie groß die Moskauer Rus' im 17. Jahrhunderts war.[1]

Abb. 12: Das Wachstum von Russland in den Jahren 1613-1914
Quelle: Wikimedia CC-BY-SA 3.0 Koryakov Yuri

1433-1499
Marsilio Ficino, Philosoph, Humanist, Arzt, *De amore* (1469)

Im Jahre 1547 ließ sich Iván IV. (ca. 1530-1584), der auch „der Schreckliche" genannt wurde, zum ersten russischen Zaren krönen. Vor allem der zweite Abschnitt seiner Amtszeit war von Terror geprägt. Im Jahre 1598 starb der letzte Rjurikiden[2]-Herrscher F dor I. Von der Landesversammlung (Zemskij Sobor) wurde Borís F. Godunóv (1552-1605) als Zar eingesetzt, über den der russische Schriftsteller Aleksandr S. Puškin (1799-1837) ein Drama schrieb. Nach einer „Zeit der Wirren", in der bürgerkriegsähnliche Zustände herrschten, wurde im Jahre 1613 der 15-jährige Michaíl aus der Familie Rómanov von der Landesversammlung zum russischen Zaren gewählt. Die Rómanov-Dynastie regierte Russland rund 300 Jahre lang.

1463-1494
Pico della Mirandola, Philosoph, *Von der Würde des Menschen* (1486)

Der von westlich-katholischer Theologie geprägte Petrus Móhyla (auch: Mogila, Mogilas, 1596-1646) gründete im Jahre 1632 im polnisch-litauischen Kiev ein Kollegium, an dem Latein, Griechisch, Slavisch, Mathematik, Grammatik, Poesie, Rhetorik sowie Philosophie und Theologie im Sinne der westlichen Scholastik gelehrt wurden, ähnlich wie an den polnischen Jesuiten-Kollegs.[3] Hintergrund war eine katholische Offensive, die die orthodoxe Kirche bewog, westliche Schriften zu studieren, um die Orthodoxie zu verteidigen.[4] Aus dem Kiever Mogila-Kolleg gingen Gelehrte hervor, die später in Moskau lehrten und starken Einfluss ausübten. Kiev wurde Mitte des 17. Jahrhunderts von der Moskauer Rus' annektiert.[5] Die zwei griechischen Brüder Ioannikij und Sofronij Lichudes leiteten im Jahre 1687 in Moskau eine Slavisch-Griechisch-Lateinische Akademie, an der ebenfalls nach dem Vorbild des Kiever Kollegs die sieben freien Künste und die Fremdsprachen Griechisch und Latein gelehrt wurden. Die Unterrichtssprache war aber Kirchenslavisch. Mit 76 Schülern fing der Unterricht an, jedoch wurde die Schule wieder im Jahre 1694 geschlossen.[6] Als Peter der Große am Ende des 17. Jahrhunderts seine Herrschaft antrat, begann ein neues Zeitalter für das Land, auch im Bereich der Bildung.[7]

4.2 Ikonen

1473-1543
Nikolaus Kopernikus, polnischer Astronom

Ein letzter großer Vertreter der russischen Vorrenaissance ist **Dionisíj** (um 1440-1502/08), dessen Fresken und Ikonostase[8] in der Maria-Geburts-Kathedrale im Therapontos-Kloster am Weißen See noch zu der Blüte der altrussischen Ikonenmalerei zählen. Zwar war Dionisíj kein Mönch, dennoch wurde er „russischer Madonnenmaler" genannt. In Abbildung 13 ist die Ikone der Gottesmutter von Smolensk zu sehen. Die Ikone zeugt von seinem hohen Können, wenngleich die Figuren nicht so vollendet wie bei Rublëv erscheinen.[9]

Abb. 13: Ikone Gottesmutter Hodigitria von Smolensk, Dionisij 1482, Russisches Museum St. Petersburg
Quelle: Wikimedia Commons

Die Blüte der russischen Ikonenmalerei ging Anfang des 16. Jahrhunderts zu Ende. Danach drangen weltliche Impulse in diese Kunst ein. Es gab nun Versuche, Ikonen zu erklären, wie z. B. von Iósif Vólockij, Maksím Grek oder von den Vätern des Konzils im Jahre 1551.

Auf diesem Hundertkapitelkonzil (Stoglavsobor) wurde einerseits beschlossen, dass Ikonen vereinheitlicht und streng nach der Tradition gemalt werden sollen, da ein Verfall in der Ikonenkunst erkennbar war. Der Staat aber wollte verstärkt Einfluss auf die Kirche ausüben. Daher erlaubte das Konzil wohl andererseits, *„auf den Ikonen auch Zaren, Fürsten, Metropoliten und andere Würdenträger des Staates und der Kirche darzustellen."* [10] So begann sich die Porträtmalerei in Altrussland zu entwickeln. Byčkov schreibt, dass das Streben nach komplizierten Allegorismus ebenfalls mit zur Krise in der Ikonenkunst führte, da Ikonen mit komplexen Allegorien, Emblemen und bedingten Zeichen eher auf den Verstand und das Denken des Betrachters, weniger auf sein Herz ausgerichtet waren. Der wesentliche Sinn der Ikone als „heiliges" Bild verschwand offenbar.[11]

1478-1529
Baldassarre Castiglione, Humanist, *Il Libro del Cortegiano* (1528)

Im 16. Jahrhundert wurde **Sophia**, die Heilige Weisheit, in der Moskauer Rus' besonders verehrt. Davon zeugen viele Ikonen vom Typ Novgorod (Novgorodskaja) in Kirchen und Kathedralen, aber auch aus „schönen Eckchen" in Wohnstätten. Ammann erwähnt außerdem ein besticktes Gewebe (1470-1500) aus dem Moskauer historischen Museum, auf dem Sophia in ähnlicher Weise wie auf den Ikonen abgebildet ist. Im Jahre 1491 wurde das Buch der Weisheit Salomons ins Altrussische übersetzt. Dies könnte dazu geführt haben, dass die Russen mehr über Sophia reflektierten und sie stärker verehrten.[12] In Abbildung 14 ist eine Sophia-Ikone aus der Novgoroder Sophienkathedrale aus dem 16. Jahrhundert dargestellt.

~ 1483
Eulenspiegel, Volksbuch

Abb. 14: Ikone „Sophia – Weisheit Gottes" (София – Премудрость Божия), Zweite Hälfte 16. Jh., Sophia-Kathedrale in Novgorod, anonym Quelle: Wikimedia Commons

1492
Einnahme Granadas durch Spanien

Auf ihr ist Sophia mit Flügeln und feuerrotem Gesicht abgebildet. Sie sitzt auf einem Thron, von dem sieben Säulen in die Erde führen. Auf ihrem Haupt trägt sie eine Krone und in den Händen hält sie ein Zepter und eine Schriftrolle. Über ihrem Kopf ist eine Gestalt, die Jesus ähnelt. Schipflinger führt an, dass bei einer analogen Sophia-Ikone aus Novgorod in dem Heiligenschein dieser Gestalt „Ho Ōn" (grch. der Seiende) steht.[13] Über diesem „Seienden" könnte der „Himmel" mit sechs Engeln und einem Altar zu sehen sein. Neben Sophia steht auf der einen Seite Maria mit einer Christusaureole in ihren Händen und auf der anderen Seite Johannes der Täufer (oder der Evangelist[14]?) mit einer Schriftrolle. Hinter Sophia befindet sich ein großer Kreis. Die reichhaltige Symbolik dieser Ikone wurde unterschiedlich interpretiert, aber letztendlich kann ihre Bedeutung wohl nicht ganz entschlüsselt werden, wie bei anderen göttlich inspirierten Ikonen auch.[15] Es werden nun verschiedene Interpretationsansätze vorgestellt.

1492
Christoph Kolumbus entdeckt Amerika

In einer Handschrift aus dem 16. Jahrhundert mit dem Titel *Erzählung über die Sophia, die Weisheit Gottes* im Sammelband 578 des Moskauer staatlichen Museums wird eine Sophia-Ikone vom Typ Novgorod beschrieben und interpretiert. Byčkov merkt an, dass dieser Text von Maksím Grek stammen könnte.[16] Der Autor des Textes bezeichnet Sophia als „allerreinste Gottesgebärerin", weil sie den „Sohn", das Wort Gottes, den Herrn Jesus, der über ihrem Haupt ist, geboren hat. Die Krone, das Zepter und ihr Thron sind Zeichen der Herrschaft. Die Schriftrolle in der Hand von Sophia enthält Geheimnisse von Gottes Worten.[17]

Wie im Kapitel 3.3 erwähnt, wurden Große Göttinnen bzw. Muttergöttinnen, speziell als Herrin der Tiere, zu verschieden Zeiten und in vielen Kulturen mit Flügeln abgebildet. Beispiele finden sich bei Neumann, wie aus dem frühen Mesopotamien, aus Sumer, Ägypten, Griechenland und Italien. Die Flügel zeugen von Sophias himmlischem Aspekt, nicht vom chthonischen.[18] Heide Göttner-Abendroth erläutert, dass es in Palästina ursprünglich – vor Jahwe – eine Große Göttin Hagia Sophia gab, die später gräzisiert wurde.[19] Hinter Sophia befindet sich ein Kreis oder ein „Großes Rundes", das den Anfang symbolisiert.[20]

Eine Vision von Hildegard von Bingen ähnelt der Sophia-Ikone vom Novgoroder Typ. Hildegard nennt bei ihrem Bild das Große Runde „rota" (lat. Rad, hier: Weltenrad). Die weibliche Gestalt, die das Rad hält, ist feurig rot, weil sie die Liebe ist und aus ihr Liebe fließt: *„Aus dem Urgrund der wahren Liebe, in deren Wissen der Weltenlauf ruht, leuchtet ihre überaus feine Ordnung über alle Dinge hervor und kommt, alles haltend und alles hegend, immer neu ans Licht."* [21] In der Mitte der Schöpfung steht bei Hildegard der Mensch.[22]

Abb. 15: Hildegard von Bingen – Liber Divinorum Operum, 1165
Quelle: Wikimedia Commons

1497-1560
Philipp Melanchthon, Humanist

Ivanov merkt an, dass die Novgoroder Sophien-Ikone eine Brücke vom Alten Testament zum „Dritten Testament" baut, also zur Offenbarung durch den Heiligen Geist oder einer neuen Zeit.[23] Es wird ergänzend die These aufgestellt, dass der russische Maler aus dem

16. Jahrhundert die Sophia-Ikone aus einem Buch kopierte. Vermutlich befand sich in der Novgoroder Sophienkathedrale bereits Anfang des 12. Jahrhunderts eine Sophia-Ikone mit demselben oder ähnlichen Motiv, das einem Mönch bereits Ende des 11. Jahrhunderts in Stille beikam. Es wird angenommen, dass diese „erste" Sophia-Ikone vom Novgoroder Typ nicht mehr existiert. Der Künstler malte Sophia als Frau, als weibliche Personifizierung der Weisheit, wie sie im Alten Testament (Spr 8, 22-30 und 9, 1 ff.) beschrieben ist. Der Maler stellte Maria daneben, um die Kirche zu besänftigen. Er wollte nicht die Weisheit als Logos (Kor 1, 30) malen, sondern er wählte die Dreiheit, um die russische Religiosität darzustellen. Die Ähnlichkeit zu dem Bild von Hildegard von Bingen könnte auf göttliche Inspiration zurückzuführen sein.

1514
Macciavelli *Il Principe*

Ivanov bedauert, dass mit dem Verschwinden der Fähigkeit, Bilder kontemplativ zu betrachten, wohl auch die Idee der Sophia zunehmend in Vergessenheit geriet. Im 19. Jahrhundert griff Solov'ëv diese Idee wieder auf. Bei ihm standen mystische Begegnungen mit Sophia am Anfang seiner Forschungen (vgl. Kap. 7).[24]

4.3 Der Streit um das Vermögen der Klöster

Ende des 14. / Anfang des 15. Jahrhunderts erschütterte ein Streit um den großen Reichtum der Klöster und den Umgang mit Ketzern die Moskauer Rus'. Auf dem Konzil im Jahre 1503 erhob der Hesychast **Nil Sórskij** (1433-1508) das Wort. Seiner Meinung nach sollten Klöster keine Dörfer mit Ländereien besitzen, da deren Verwaltung die Mönche von ihren eigentlichen Aufgaben ablenke. Er plädierte dafür, dass Mönche als Eremiten leben und sich von ihrer Hände Arbeit ernähren.[25] Die Kirche sollte möglichst unabhängig vom Staat sein. Ketzer könnten durch das Wort und gelebtes Beispiel überzeugt werden. Vor hartnäckigen Häretikern warnte er jedoch ausdrücklich; diese sollten gemieden werden.

1517
Martin Luther,
Beginn Reformation

Nil Sórskij war zunächst Mönch im Kloster des heiligen Kyrill am Weißen See. Dann reiste er nach Palästina, Istanbul und auf den Berg Athos, wo er Griechisch lernte und in den umfangreichen Bibliotheken patristische Literatur studierte. Nach seiner Rückkehr im Jahre 1480 lebte Nil als Einsiedler in einem sumpfigen Waldgebiet Altrusslands in der Nähe des Kirillov-Klosters und strebte in Stille nach der Einheit mit dem Anfang. Ihm folgten Eremiten, die er bald alle belehrten konnte. Nil begründete sodann einen Skit, bei dem jeweils zwei bis drei Eremiten unter der Führung eines Starec zusammenlebten. Ein Starec ist ein weiser Alter und geistiger Führer, der nicht unbedingt Mönch sein muss. Ein Skit, der aus Gruppen von Zellen besteht, wurde von einem Abt geleitet. Nils Lebensform basiert auf Kameradschaft, die seiner Ansicht nach nur in kleineren Gemeinschaften gelebt werden kann.

1518
Rechenbuch von Adam Riese

Von Nil Sórskij sind eine Belehrung *Predanie*[26], mehrere Sendschreiben, ein umfangreiches Klosterstatut *Ustav*[27], ein Gebet und einige Übersetzungen überliefert. Seine Werke zählen zu den ersten selbständigen russischen Theologien. Nil strebte in erster Linie nach geistiger Vervollkommnung und der höchsten Stufe der mystischen Einung (grch. *henosis*, lat. *unio mystica*). Nil Sorskij rät: *„und wenn wir um die Sache Gottes wahrhaft bemüht sein wollen, dann laßt uns als erstes, wenn möglich, uns vom eitlen Treiben der Welt entfernen und bemüht sein, die Leidenschaften zu verringern, d. h. das Herz zu bewachen vor bösen Gedanken. Laßt uns darin die Gebote erfüllen und in der Bewahrung des Herzens ständig beten."* [28] Zu den „Leidenschaften" zählt Nil die Völlerei, die Hurerei, die Geldliebe, den Zorn, die Trauer, die geistige Stumpfheit (Akedie), den Selbstruhm und die Überheblichkeit.[29] Wichtig sei vor allem das richtige Beten mit der entsprechenden Einstellung, weniger bedeutend sei eine hohe Anzahl von Gebeten. Nil stellt fest: *„Wer mit dem Mund betet und den Geist vernachlässigt, der betet in die Luft."* [30]

1533-1584
Ivan IV., der Schreckliche,
Zar von Russland

Zur „Erleuchtung" und „Einigung" schreibt Nil Sorskij: *„Und bei der Erringung des Besseren wird das Gebet verlassen, und man ist in der Ekstase und hat nach nichts Gelüste* [. . .] *Der Name dieses (Zustandes) ist aber niemand bekannt. Denn dann bewegt sich die Seele mit geistlichem Wirken zu jenem Göttlichen, sie wird der Gottheit ähnlich in unfaßlicher Vereinigung und wird durch den Strahl des oberen Lichtes in ihren Bewegungen erleuchtet. Dann wird der Sinn fähig, die künftige Seligkeit zu spüren, er vergisst sich selbst und alles, was hier existiert* [. . .]" [31] Hierzu zitiert er auch den Kirchenlehrer, Mystiker und Dichter Symeon, den Neuen Theologen (949-1022): *„Ich sehe das Licht, welches die Welt nicht hat, inmitten meiner Zelle, wo ich auf meinem Lager sitze. Ich sehe in mir den Schöpfer der Welt und spreche mit ihm und liebe ihn. Ich nähre mich gut durch die Vision allein, und indem ich mich mit ihm vereinige, schreite ich über die Himmel hinaus. Und dieses weiß ich sicher und wahrhaftig. Wo dann mein Leib ist, weiß ich nicht."* [32] Im Anschluss daran hebt Nil das Bild hervor, das Symeon, der Neue Theologe, von Gott hat: *„Er liebt mich und nimmt mich in sich auf und schließt mich in seine Umarmung, obgleich er im Himmel ist, ist er auch in meinem Herzen – hier und dort erscheint er mir."* [33]

1553
Erste russische Druckerei
in Moskau

Sorskij vertritt die Ansicht, dass ein Mönch / Eremit / Asket / Starze seinen Nächsten durch das (göttliche) Wort helfen, d. h. andere beraten, belehren, trösten und sie geistig führen, könne. Eine sehr ausführliche Studie zu Nil Sorskijs Schriften inklusive der ins Deutsche übersetzten Werke erstellte Lilienfeld. Nils Schriften beeinflussten vor allem Mönche im 16. und 17. Jahrhundert.[34]

Eine entgegengesetzte Sicht vertrat **Iósif Vólockij** (1439-1515), Abt eines von ihm gegründeten Klosters. Er plädierte für den Reichtum der Klöster, vor allem für Landbesitz, und sah darin die Grundlage für deren Hauptaufgaben: die Ausbildung der kirchlichen Elite und das soziale Engagement, die beide ohne finanzielle Mittel nicht erreicht werden könnten. Vólockij schreibt: *„Wenn die Klöster keine Güter haben, wie kann dann ein ehrwürdiger und adeliger Mann Mönch werden?“* Und *„wenn keine ehrwürdigen Starzen (gemeint sind eben die Vertreter der höheren Gesellschaftsschicht) da sind, woher wird man dann die Kandidaten für den Metropolitenthron nehmen, oder einen Erzbischof oder einen Bischof oder die Vertreter all der anderen ehrvollen Stellen?“* [35] Die Mönche in seinem Kloster lebten jedoch nach strengen Vorschriften, hatten keinen privaten Besitz und führten ein sehr asketisches Leben. Wohl weniger die geistige Vervollkommnung, sondern vielmehr das tägliche Versorgen von Kranken, Armen und Obdachlosen stand im Vordergrund. Zu der „Vision“ von Iósif gehörten auch die Einheit von Staat und Kirche nach byzantinischem Vorbild der Symphonia[36] sowie die Vernichtung von Ketzern.

Letztendlich siegte Iósif auf dem Konzil im Jahre 1503. Infolgedessen büßte aber die Kirche im Laufe der Zeit immer mehr an Selbstständigkeit und geistlicher Macht ein. Ketzer wurden von Kirche und Staat gemeinsam streng verfolgt, verbannt, getötet und ihre Schriften vernichtet. Iósif empfahl dieses Vorgehen in seinem Hauptwerk *Aufklärer*. Čiževskij beschreibt den Wandel so: *„Mit dem Ende des 15. Jahrhunderts beginnt jedenfalls eine neue Seite der russischen Geistesgeschichte. Die geistige Krise des 14. – 15. Jahrhunderts mündet in den Zustand einer chronischen Krankheit, die den ganzen geistigen Organismus Rußlands ergriff und gegen die lange keine Heilung zu finden war.“* [37] Mit dem Sieg der „Josephiten“ (Іосифляне – Iosifljane) erfuhr auch die mystische Bewegung in Altrussland einen Bruch. Nil Sórski starb im Jahre 1508 wohl eines natürlichen Todes. Seine Gemeinschaft, die „Uneigennützigen“ bzw. „Trans-Wolga-Mönche“ ging unter, weil seine Schüler es nicht vermochten, das Gemeinschaftsmodell längerfristig weiterzuleben.[38]

1560
Uffizien in Florenz

4.4 Exkurs: Maksím Grek (1475/1480-1556)

Abb. 16: Maksím Grek, 16./17. Jh., anonym
Quelle: Wikimedia Commons

Maksím Grek, dessen bürgerlicher Name Michael Trivolis war, entstammte einer reichen griechischen Familie. In Italien studierte er Klassische Philologie, Theologie und Philosophie bei dem griechischen Humanisten Janos Laskaris.[39] Mit Girolamo Savonarola und Pico della Mirandola war Maksím befreundet und kannte auch Aldus Manutius, Angelo Poliziano, Marsilio Ficino, Scipio Callerges und Fonteguerri. Nur kurzzeitig gehörte er einem Dominikaner-Orden an, ging nach dem Austritt auf den Berg Athos und wurde dort orthodoxer Mönch.

1575-1624
Jakob Böhme, dt. Schuhmachermeister, Philosoph und Mystiker

Im Jahre 1518 kam Maksím Grek nach Moskau, um im Auftrag des Großfürsten Vassílij III.[40] griechische Schriften zu übersetzen und bereits übersetzte mit den griechischen Originalen zu vergleichen, weil sich beim Übersetzen und Abschreiben im Laufe der Zeit Fehler eingeschlichen haben. Während seiner siebenjährigen Tätigkeit in der Rus' ließ er Schreiber und Übersetzer anstellen, die ihn unterstützten, übersetzte Werke und erstellte zugleich selbst eigene, meist kurze Aufsätze auf den Gebieten der Philosophie, Geschichte, Philologie und Theologie.[41] Die Angaben zur Anzahl differieren in der Literatur von 30 Sendschreiben bis zu 150 Werken einschließlich der Übersetzungen, die von ihm noch erhalten sind. Maksím wandte sich jedoch gegen den Landreichtum der Klöster, prangerte soziale sowie kirchliche Missstände an und ergriff Partei für die „Uneigennützigen", so dass er bald darauf verhaftet wurde. Erst nach 25 Jahren kam Maksim Grek unter Iván IV. (1533-1584) wieder frei und starb im Jahre 1556 bei Moskau im Dreieinigkeits-Kloster in Sergiev Posad, das von Sergij von Radonež gegründet worden war (vgl. Kap. 3.2). Nach seinem Tode wurde er als „Heiliger" verehrt.

1577
Beginn der Unterwerfung Sibiriens

Maksim Grek gilt als hoch gebildeter byzantinischer Humanist. Allerdings bewerten Forscher sein Können und Wirken sehr unterschiedlich.[42] Er besaß ein großes Wissen zur Bibel und zu griechischen (philosophischen) Schriften und schätzte Platon sehr, aber die westliche Scholastik lehnte er ab. Grek verteidigte die östliche Orthodoxie. Seine theologischen Schriften beeinflussten das Denken im altrussischen Reich und auch noch lange Zeit danach.[43]

1588-1603
Elisabeth I.,
Königin von England

Maksím Grek trat für die Würde des Menschen ein. Sein Menschenbild fußt auf dem der Genesis (Gen 1, 26). Er schreibt dazu: *„Wir erinnern uns, daß der Mensch nach dem Bild Gottes geschaffen ist, und wir wollen aussagen und unserem Versprechen gemäß aufzeigen die einzige Gottheit in der Dreifaltigkeit* [. . .]" [44] In einer Schrift rät er, dieses uranfängliche, göttliche Bild vom Menschen im irdischen Leben zu entfalten: *„Laßt uns, wenn wir durchaus danach Verlangen tragen, weise vor Gott und nicht vor den Menschen zu sein, die Art erforschen, auf die wir zurückkehren können zur Ehre, die wir vor dem Sündenfall besaßen, und zu unserer gottförmigen Schönheit."* [45] Tornow nennt ihn den „einzigen Humanisten" in der Rus'. Eine Renaissance wie im westlichen Europa fand im Moskauer Reich nicht statt.[46]

1588
Untergang der spanischen Armada, Beginn der englischen Seeherrschaft

4.5 Moskau als 3. Rom und die Heilige Rus'

Im Jahre 1453 eroberten die Osmanen Konstantinopel (Byzanz). Mit dem Fall des „neuen" bzw. „2. Roms" ging das oströmische Reich zu Ende. Die Kathedrale *„Hagia Sophia"* – das eigentliche Machtzentrum der Ostkirche – wurde zu einer Moschee umgestaltet. Die russisch-orthodoxe Kirche und der Großfürst von Moskau sahen nach dem Fall von Byzanz nun die Rus' als einziges Reich an, in dem die wahre Orthodoxie erhalten geblieben ist. Wie beim Fall des 1. Roms, als die Germanen das weströmische Reich eroberten, wurde der Niedergang des 2. Roms als Strafe Gottes gewertet, weil die griechisch-orthodoxe Kirche im Jahre 1428 mit dem „häretischen" Rom in Florenz eine Union einging.[47]

~ 1601
Shakespeare *Hamlet, Julius Cäsar*

Der Starze Filofej des Pskover Eleazar-Klosters schrieb Anfang des 16. Jahrhunderts in Sendschreiben an den Großfürsten Vasílij III. (um 1511), an den Kirchenschreiber Michail Misjurja-Munechin (1524) und an den Großfürsten Iván IV. (1533) die **These vom Moskau als 3. Rom** (Москва – третий Рим) nieder: *„(A)lle christlichen Reiche sind abgelaufen und sind zusammen übergegangen in das Reich unseres Herrschers, gemäß den prophetischen Büchern: das ist das russische Reich. Denn zwei Reiche sind gefallen, aber das dritte steht, und ein viertes wird es nicht geben* [. . .]" [48] In Verbindung mit der Heiligen Rus' entwickelte sich die Idee vom Moskau als 3. Rom zu einer der führenden Staats- und Kirchenideologien des Moskauer Reiches. Benz und Levickij sehen im Sieg der Josephiten die Voraussetzung dafür, dass die Idee vom Moskau als 3. Rom Kraft erhielt. Infolgedessen wuchs das nationale Bewusstsein der Kirche und des Staates enorm.[49]

1605
Cervantes *Don Quichote*

Aber im Moskauer Reich hat die orthodox-staatskirchliche Idee aus Byzanz, dass der christliche Zar der Stellvertreter Gottes auf Erden ist, eine spezifische Form angenommen: Ivan IV. ließ sich im Jahre 1547 als Zar von ganz Russland krönen und besaß die Macht über den Staat **und** die Kirche. Eine Kontrolle des Zaren durch die Vertreter der geistlichen Macht war nicht mehr möglich.[50]

Mitte des 17. Jahrhunderts wurden auf dem Moskauer Landeskonzil kirchliche bzw. die Nikonschen Reformen durchgesetzt, die die russisch-orthodoxe Kirche einerseits in „Reformer / Staat" (offizielle Kirche) sowie andererseits „Altgläubige" spaltete. Sinjavskij stellt fest: *„Die Kirchenspaltung ist das folgenschwerste Ereignis des siebzehnten Jahrhunderts und die größte Tragödie Rußlands. In ihrem Verlauf wurde das Land, bis dahin eine geeinte religiöse Gemeinschaft, zerrissen. Hier lag die Ursache vieler späterer Krisen und negativer Entwicklungen: der Niedergang der altrussischen Frömmigkeit, die vollständige Unterwerfung der Kirche unter dem Staat und schließlich die zunehmende Gleichgültigkeit und das Mißtrauen des Volkes gegenüber seiner Kirche, die sich durch die Spaltung gleichsam kompromittiert hatte."* [51] Zum Raskol (auch: Schisma) wird auf die weiterführende Literatur verwiesen.[52]

1618-1648
Dreißigjähriger Krieg

Die Kiever und die Moskauer Rus' wurden auch Mütterchen-Rus' (Матушка Русь – matuška Rus') genannt.[53] Die Wurzeln reichen bis in die vorchristliche Zeit, wie im 2. Kapitel beschrieben. Die Erde wurde als Mutter gesehen und verehrt (Матери-сырой земли). Mit der Christianisierung etablierte sich Maria, die Gottesmutter, als

Mütterchen-Fürsprecherin (Matuška-zastupnica) der Menschen in besonderem Maße. Sinjavskij schreibt sogar von einer „Religion der Mütterlichkeit" im russischen Volk. Dies wird auch an einer Textstelle aus einer Erzählung von Maxim Gorkij *Unter fremden Menschen* deutlich. In dieser sagt die Großmutter: *„Die Gottesmutter war schon immer da, sie war vor allem anderen da. Sie hat Gott geboren* [. . .]" [54] Die Mutter Feuchte Erde (Матери-сырой земли) wird der unteren Sphäre zugeordnet, die Gottesgebärerin der oberen, der himmlischen Sphäre.[55] Im 16. Jahrhundert wurde die Sicht der **Heiligen Rus'** (Святой Руси, Святорусской матери-земли) verschriftlicht. Fürst Andrej M. Kúrbskij (1528-1583), ein Vertrauter Ivan IV., der später nach Litauen flüchtete, erwähnt in der von ihm verfassten *Geschichte über den Zaren Ivan IV.* den Begriff der „heiligen russischen Erde – Святорусская земля – svjatorusskaja zemlja" (auch: Heilige Rus', heiliges russisches Land oder das heilige russische Reich)[56]: «*Прогрызли они чрево у матери своей, святой русской земли,что породила и воспитала их поистине на беду свою и запустение!*» (sinngemäß: *„Sie durchnagten den Leib ihrer eigenen Mutter, der heiligen russischen Erde, dass sie sie geboren und aufgezogen hat, ist wahrlich ihr eigenes Unglück und (ihre) Verödung."* [57]

1632-1677
Baruch Spinoza, Philosoph

Der *Gesang vom Taubenbuch* gehört zu den geistlichen Gesängen, die in der Folklore entstanden. *Golubnaja Kniga* bedeutet „tiefes Buch", also ein Buch voller Weisheit (vgl. Kap. 3.4). Im *Gesang vom Taubenbuch* wird im 2. Teil die Frage gestellt: *„Wer ist die Mutter aller Länder?"* Die Antwort lautet: *„Die Heilige Rus' ist die Mutter aller Länder."* Hier kommt ein hohes Bewusstsein vom Land, aber auch die Liebe zu ihm zum Ausdruck.[58]

1637
Decartes
Discours de la Méthode

4.6 Zusammenfassung

In der Moskauer Rus' wurden Sophia-Ikonen in besonderem Maße gehuldigt. Die Verehrung der Sophia als weibliche Personifizierung (gemäß Altem Testament) ist eine russische Besonderheit, die durch Ikonen bildhaft wiedergegeben wird.

Der Kampf zwischen den Josephiten und den Uneigennützigen prägte den Beginn des 16. Jahrhunderts. Die Mystik des Nil Sorski ist charakterisiert durch das Streben des Menschen nach der Einheit mit dem Ursprung.

Die Theorie vom Moskau als 3. Rom führte zu einem starken Selbstbewusstsein des Staates und der Kirche.

Von Philosophie im engeren Sinn kann noch nicht gesprochen werden, aber nach der byzantinischen Philosophie ist der wahre Philosoph derjenige, der nach der Einung mit dem Anfang strebt und sie verwirklicht.[59] In diesem Sinne zählen Mönche wie Nil Sorski zu den wahren Philosophen.

1683
Türken vor Wien

1 Vgl. Kappeler, Andreas: *Russland als Vielvölkerreich*, S. 25-42.
2 Vgl. Kap. 2.1: Beginn der Rjurikiden-Dynastie mit dem legendären Fürst der Väräger Rjurik in der Kiever Rus'. Siehe auch *Lexikon der Geschichte Russlands*, S. 324.
3 Vgl. Wetter, Gustav A.: *Ursprünge und erste Entwicklung der russischen Philosophie. Gedanken zu einer Philosophie ihrer Geschichte*, S. 20 f.; vgl. auch *Altrussisches Kulturlexikon* , S. 152.
4 Vgl. Tornow, Siegfried: *Handbuch der Text- und Sozialgeschichte Osteuropas*, S. 263.
5 Vgl. Milner-Gulland, Robin und Dejevsky, Nikolai: *Russland*, S. 78.
6 Vgl. Dahm, Helmut: Grundzüge russischen Denkens, S. 13; vgl. auch Wetter, Gustav A.: *Ursprünge und erste Entwicklung der russischen Philosophie. Gedanken zu einer Philosophie ihrer Geschichte*, S. 20 f.; vgl. auch *Lexikon der russischen Kultur*, S. 71.
7 Vgl. einführend zur Geschichte des Moskauer Reiches *Altrussisches Kulturlexikon*, S. 160-165.
8 Bilderwand
9 Vgl. *Altrussisches Kulturlexikon*, S. 54 f., vgl. auch Onasch, Konrad / Schnieper, Annemarie: *Ikonen*, S. 84; vgl. ebenso Milner-Gulland, Robin und Dejevsky, Nikolai: *Russland*, S. 73.
10 Donnert, Erich: *Das alte Moskau*, S. 12.
11 Vgl. Byčkov, Viktor: *Betrachtungen zur Genesis der symbolisch-didaktischen Ikonen in Russland vom Ende des 15. bis zum 16. Jahrhundert*, S. 20; vgl. ebenso Donnert, Erich: *Das alte Moskau*, S. 12; vgl. auch Hildemeier, Manfred: *Geschichte Russlands*, S. 394 f.
12 Vgl. Ammann, A. M.: *Darstellung und Deutung der Sophia im vorpetrinischen Russland*, S. 133-138; vgl. auch Lilienfeld, Fairy: *Sophia – Die Weisheit Gottes*, S. 196, vgl. auch *Lexikon der russischen Kultur*, S. 419.
13 Vgl. Schipflinger, Thomas: *Sophia – Maria*, S. 194.
14 In Russland wurde öfters Johannes der Evangelist mit Johannes dem Täufer verwechselt. Vgl. dazu Sinavskij, A: *Ivan der Dumme*.
15 Vgl. Ivanov, Vladimir: *Russland und das Christentum*, S. 223.
16 Vgl. Byčkov, Viktor: *Betrachtungen zur Genesis der symbolisch-didaktischen Ikonen in Russland vom Ende des 15. bis zum 16. Jahrhundert*, S. 22 f.
17 Vgl. Ammann, A. M.: *Darstellung und Deutung der Sophia im vorpetrinischen Russland*, S. 150 f. (ausführlicher Text).
18 Vgl. Neumann, Erich: *Die Große Mutter*, S. 258-261.
19 Vgl. Göttner-Abendroth: *Die Göttin und ihr Heros*, S. 242.
20 Vgl. Neumann, Erich: *Die Große Mutter*, S. 33.
21 *Liber divinorum operum* 59.
22 Vgl. Diers, Michaela: *Hildegard von Bingen*, S. 72 f.
23 Vgl. Ivanov, Vladimir: *Russland und das Christentum*, S. 222.
24 Vgl. Ivanov, Vladimir: *Russland und das Christentum*, S. 224.
25 Vgl. Lilienfeld, Fairy von: *Nil Sorskij und seine Schriften*, S. 85.
26 *Von der Lebensführung der heiligen Väter ist dieses die Überlieferung* des Starec Nil, des Einödbewohners, für seine Schüler, und alle sollen diese halten, wie es sich ziemt.
27 *Elf Kapitel aus den Schriften der heiligen Väter.*
28 Sorskij, Nil: *Ustav*, Wort II; zit. nach Lilienfeld, Fairy von: *Nil Sorskij und seine Schriften*, S. 216.
29 Vgl. Sorskij, Nil: *Ustav*, Wort V; zit. nach Lilienfeld, Fairy von: *Nil Sorskij und seine Schriften*, S. 221.
30 Zit. nach Čiževskij, Dmitrij: *Das heilige Russland*, S. 84.
31 Sorskij, Nil: *Ustav*, Wort II; zit. nach Lilienfeld, Fairy von: *Nil Sorskij und seine Schriften*, S. 213.
32 Sorskij, Nil: *Ustav*, Wort II; zit. nach Lilienfeld, Fairy von: *Nil Sorskij und seine Schriften*, S. 214.
33 Sorskij, Nil: *Ustav*, Wort II; zit. nach Lilienfeld, Fairy von: *Nil Sorskij und seine Schriften*, S. 214.

34 Vgl. zu Nil Sorski Lilienfeld, Fairy von: *Nil Sorskij und seine Schriften, S. 68-89 sowie S. 191-263; vgl. auch* Čiževskij, Dmitrij: *Das heilige Russland*, S. 80-86; vgl. auch Ivanov, Vladimir: *Russland und das Christentum*, S. 117-120; vgl. auch *Altrussisches Kulturlexikon*, S. 174.

35 Zit. nach Čiževskij, Dmitrij: *Abriss der altrussischen Literaturgeschichte*, S. 133.

36 Nach dem byzantinischen Vorbild der Symphonia, aber spezifische russische Sonderform: Der Zar herrscht über Staat und Kirche. Vgl. hierzu Benz, Ernst (1971): *Geist und Leben der Ostkirche*, S. 153-157; vgl. auch Wetter, Gustav A.: *Ursprünge und erste Entwicklung der russischen Philosophie. Gedanken zu einer Philosophie ihrer Geschichte*, S. 17.

37 Čiževskij, Dmitrij: *Das heilige Russland*, S. 93.

38 Vgl. Čiževskij, Dmitrij: *Das heilige Russland*, S. 87-92; vgl. auch Ivanov, Vladimir: *Russland und das Christentum*, S. 120 f.; vgl. auch *Altrussisches Kulturlexikon*, S. 89 f.

39 Vgl. Tornow, Siegfried: *Handbuch der Text- und Sozialgeschichte,* S. 272.

40 Der Großfürst Vasílij III. (1479-1533) war der Sohn Ivans III. und der byzantinischen Prinzessin Sofia-Zoë Paläolog.

41 Vgl. *Altrussisches Kulturlexikon*, S. 143.

42 Vgl. hierzu ausführlich Schultze, Bernhard: *Maksim Grek als Theologe*, S. 7-11.

43 Vgl. hierzu Schultze, Bernhard: *Maksim Grek als Theologe*, S. 1.

44 Grek, Maksim; zit. nach Schultze, Bernhard: *Maksim Grek als Theologe*, S. 262.

45 Grek, Maksim; zit. nach Schultze, Bernhard: *Maksim Grek als Theologe*, S. 357.

46 Vgl. Schultze, Bernhard: *Maksim Grek als Theologe*, S. 1-12, 257-262 und 355-357; vgl. auch *Altrussisches Kulturlexikon*, S. 143; vgl. auch Tornow, Siegfried: *Handbuch der Text- und Sozialgeschichte Osteuropas*, S. 272.

47 Vgl. Wetter, Gustav A.: *Ursprünge und erste Entwicklung der russischen Philosophie. Gedanken zu einer Philosophie ihrer Geschichte*, S. 18; vgl. auch Benz, Ernst (1971): *Geist und Leben der Ostkirche*, S. 153 ff.

48 Filofej; zit. nach Benz, Ernst (1971): *Geist und Leben der Ostkirche*, S. 155.

49 Vgl. hierzu Levickij, Sergej A.: *Russisches Denken*, Bd. 1, S. 23; vgl. auch Benz, Ernst (1971): *Geist und Leben der Ostkirche*, S. 153-157.

50 Vgl. auch Benz, Ernst (1971): *Geist und Leben der Ostkirche*, S. 156.

51 Sinjavskij, Andrej: *Iwan der Summe*, S. 299.

52 Vgl. *Lexikon der Geschichte Russlands*, S. 257 f.; vgl. auch *Altrussisches Kulturlexikon*, S. 171 f. u. S. 196.

53 Vgl. *Russisches Kulturlexikon*, S. 313 f.

54 Zit. nach Sinjavskij, Andrej: *Iwan der Dumme*, S. 207.

55 Vgl. Sinjavskij, Andrej: *Iwan der Dumme*, S. 198-207.

56 Vgl. Čiževskij, Dmitrij: *Das heilige Russland*, S. 113.

57 Курбский, А.: *История о великом князе Московском. Памят ники литературы Древней Руси, вторая половина XVI. века. М.*, 1986, *С.* 319, zit. nach Wikipedia *Матушка Россия*, Druck: 15.08.2016.

58 Vgl. Sinjavskij, Andrej: *Iwan der Dumme*, S. 257-270.

59 *Lexikon der russischen Kultur*, S. 348.

5 Das 18. Jahrhundert

5.1 Historisches

1703
Peter I., der Große, Regierungssitz in St. Petersburg

Ende des 17. Jahrhunderts erlebte Russland eine große Wende. Mit der Machtübernahme von Peter dem Großen (1682/1689-1725) begann seine über 30-jährige Herrschaft, die die Moskauer Rus' zum Kaiserreich Russland (1721) führte. Die Hauptstadt wurde im Jahre 1712 von Moskau nach St. Petersburg, einer neu gegründeten Stadt, verlegt. Durch die vielfältigen Reformen, die mit Macht und Gewalt durchgesetzt wurden, drang westeuropäischer Einfluss in das Land. Die oberen Schichten begannen sich zu europäisieren.[1] Auf dem Gebiet der Bildung schuf Peter I. ein Netz von beruflichen Schulen, um so die technische Ausbildung, vor allem der Offiziere, zu fördern. Im Jahre 1724 wurde die Akademie der Wissenschaften in St. Petersburg gegründet, an der zunächst ausländische Gelehrte unterrichteten. Unter der Zarin Elisabeth I. (1741-1761), die besonders die Kunst, die Wissenschaften und das nationale Bewusstsein förderte, entstand – auf die Vorschläge von Michail V. Lomonosov hin – im Jahre 1755 die erste russische Universität in Moskau.[2] Während der über 30-jährigen Herrschaft von Katharina II. (1762-1796) wendete sich der Staat weg von der Idee des „Heiligen Russland" hin zur Idee vom „Großen Russland", um seine politische Macht auszubauen und Russland zu einem aufgeklärten Land zu entwickeln. Katharina II. ließ mit dem Statut über die Volksschulen (1786) allgemeinbildende Schulen entstehen. Das 18. Jahrhundert ist in Russland vor allem durch Absolutismus, zaristische Autokratie, Barock, Aufklärung und Leibeigenschaft gekennzeichnet.[3]

5.2 Die Gründung der russischen Philosophie

1710
G. W. Leibniz
Theodicée

An der Akademie in Kiev und an der Slavisch-Griechisch-Lateinischen Akademie in Moskau sowie an anderen ähnlichen Schulen wurde „Philosophia aristotelico-scholastica" gelehrt. An der Moskauer Universität setzte sich die Philosophie von dem Deutschen Christian Wolff (1679-1754) durch. Ungefähr seit dieser Zeit kann, wie Goerdt schreibt, von einer bewussten Gründung der russischen (Fach-)Philosophie ausgegangen werden. Ende des 18. Jahrhunderts standen dann Aufklärer und Enzyklopädisten im Vordergrund. Nach der französischen Revolution bevorzugte Katharina II. die russischen Aufklärer. Der Prozess der „Gründung der russischen (Fach-)Philosophie" bzw. die Abtrennung der Philosophie von der Theologie vollzog sich bis in die Anfänge des 19. Jahrhunderts.[4] Zu den „Stammvätern" der russischen Philosophie zählt Goerdt:

- den Naturforscher Michail V. Lomonósov (1711-1765),
- den christlichen Kulturphilosophen Grigorij Skovorodá (1722-1794),

- den Sozialphilosophen Alexandr N. Radiščev (1749-1802),
- den Staatsmann und praktischen Philosophen Michail M. Speránskij (1772-1839)

1729
Johann S. Bach
Matthäus Passion

Diesen war gemeinsam, dass sie sowohl an den geistlichen Akademien in Russland als auch an Universitäten in Westeuropa studierten und daher Kenntnis von östlicher und westlicher Philosophie hatten. Im Vordergrund ihrer Studien standen die Natur, der Mensch, die Gesellschaft und der Staat. Vereinfacht beschrieben, wollte Lomonosov die Natur erforschen, Skovoroda den Menschen, Radiščev ergründete das Ideal der Gesellschaft und Speranskij die Fundamente der Politik.[5] Im folgenden Kapitel 5.3 wird das Leben und philosophische Schaffen von Lomonosov und im Kapitel 5.4 von Skovoroda vorgestellt. Zu Radiščev und Speranskij wird auf die weiterführende Literatur, wie z. B. Wilhelm Goerdt: *Russische Philosophie* und Sergej Levickij: *Russisches Denken,* verwiesen.

5.3 Michaíl V. Lomonósov (1711-1765)

5.3.1 Leben und Werk

1740-1780
Maria Theresia, Königin von Österreich

Michaíl V. Lomonósov (russ.: Михаил В. Ломоносов) wurde im Jahre 1711 als Sohn eines Fischers im Norden Russlands im Gouvernement Archangelsk in Mišaninskaja geboren. Die Schule konnte er nicht besuchen, weil er zu Hause mitarbeiten musste, aber ein Nachbar und ein Gemeindeküster unterstützten das Lernen, insbesondere das Lesen und Schreiben, des wissbegierigen Michails. Dem Vater missfiel der Bildungseifer des Sohnes. Michail aber wollte noch mehr lernen und ging 19-jährig eines Tages heimlich zu Fuß 1000 km nach Moskau. Sich als Sohn eines Popen ausgebend[6], durfte er die Slavisch-Griechisch-Lateinische Akademie in Moskau besuchen. Zunächst aufgrund seines verhältnismäßig hohen Alters verspottet, zählte er aber bald zu den besten Schülern der Akademie. Im Jahre 1736 studierte er in St. Petersburg an der Akademie der Wissenschaften und durfte im selben Jahr mit anderen ausgewählten Studenten zu einem Auslandsstudium nach Deutschland reisen. Er studierte zunächst Chemie bei Justin Gerhard Duising sowie Physik, Mathematik und Philosophie bei Christian Wolff, der die russischen Studenten besonders förderte. Nach zwei Jahren wechselte Lomonosov nach Freiberg in Sachsen, um dort Bergbau und Hüttenwesen bei Johann Friedrich Henckel zu studieren. Wolff bescheinigte Michail am Ende seines Studiums in Deutschland, *„daß er, in sein Vaterland zurückgekehrt, der Gesellschaft Nutzen bringen wird."* [7] Im Jahre 1742 wurde Lomonosov Adjunkt der Physikklasse und drei Jahre später Professor für Chemie an der Petersburger Akademie. Mit seinem vielfältigen Forschen und Schaffen begründete Lomonosov die russischen Wissenschaften. Im Alter von 54 Jahren verstarb er in St. Petersburg.[8]

Abb. 17: Michail V. Lomonósov
Quelle: Wikimedia Commons

Michail Lomonosov trug wesentlich zur Gründung der ersten russischen Universität in Moskau bei. Aleksandr Puškin nennt ihn – aufgrund seiner Universalität – sogar *„unsere Universität"* [9]: *„Ломоносов был великий человек. Между Петром I и Екатериной II он один является самобытным просвещения. Он создал первый университет. Он, луще сказать, сам был первым нашим университетом."* [10] Lomonosov war überzeugt davon, dass *„die russische Erde ihre eigenen Platons und genialen Newtons gebären kann"* [11] und war selbst das beste Beispiel dafür. Seine Forschungen umfassen die Gebiete Physik, Chemie, Astronomie, Geologie, Geographie, Sprachwissenschaft, Philosophie und Geschichte. Als Universalgelehrter hat er zahlreiche Arbeiten geschrieben, die bahnbrechend auf verschiedenen Gebieten waren. Er

1740-1786
Friedrich II., der Große, König von Preußen

- machte über 100 technische Erfindungen
- errichtete das erste chemische Laboratorium in Russland
- formulierte das Gesetz von der Erhaltung der Materie und der Bewegung (1748)
- entdeckte, dass die Venus eine Atmosphäre besitzt (1761 Lomonosov-Effekt)
- notierte den Gefrierpunkt von Quecksilber
- entwickelte neue metrische Formen
- schrieb die erste russische Rhetorik (1748)
- verfasste die erste russische Grammatik (1755)
- schrieb eine Geschichte Russlands (1760)
- errichtete eine Fabrik zur Herstellung von farbigem Glas und Perlen (1752)
- belebte die Mosaikkunst in Russland und vieles mehr . . . [12]

1749-1832
Johann Wolfgang Goethe

5.3.2 Philosophie

Für Lomonosov stellt die Philosophie die „innerste Mitte der Wissenschaften" dar. Neben einer deutschen Ausgabe von *Ausgewählten Schriften* Lomonosovs sind in Goerdts Werk *Russische Philosophie. Texte* in deutscher Sprache das Vorwort zu *Die Wolffsche Experimentalphysik*, *Programm*, der Anhang zur *Erscheinung der Venus* und *Erste Grundlagen der Metallurgie* enthalten. Auch in Gedichten, wie in *Morgenbetrachtungen über die Größe Gottes* (1743)

„O Schöpfer! Mir in finsters Hüllen
schick Weisheitsstrahl entgegen nun,
und was gefället Deinem Willen,
das lehre immer mich zu tun,
und, schauend Deine Schöpfung hier,
Unsterblicher, lobsingen Dir."

und in den *Abendbetrachtungen über die Größe Gottes aus Anlass eines großen Nordlicht* (1743) kommen seine philosophische Ansichten zum Ausdruck: *„Wer Gottes Schöpfung nicht ermisst, weiß er, wie groß der Schöpfer ist?"* [13]

1759-1805
Friedrich Schiller

Für Lomonosov gibt es einen göttlichen Anfang und dieser schöpfte die Welt. Der Mensch kann die schöne Natur bewundern und sich an ihr erfreuen. Wenn er Gott als Schöpfer von allem anerkennt, kann er noch größere Freude erfahren. Noch höhere Glücksgefühle würden sich offenbaren, wenn der Mensch die Natur nicht nur besichtigt, sondern auch erforscht. Lomonosov hat über die Korpuskularphilosophie festgestellt, dass hinter der Schöpfung ein „großer Beweger" steht: *„Viele sind der Meinung, dass die sich auf die Atome stützende Methode des Philosophierens entweder die Entstehung der Dinge nicht erklären könne oder den Schöpfergott ablehne. Beide Meinungen sind falsch, denn es kann keine anderen natürlichen Prinzipien geben, die das Wesen der Materie und der allgemeinen Bewegung klarer und vollständiger erklärten, und keine, die nachdrücklicher das Dasein eines allmächtigen Bewegers erforderten."* [14] Zu dieser Erkenntnis sind auch Quantenphysiker heutiger Zeit gelangt. Sie sprechen von einem „kosmischen Hintergrundrauschen" bzw. von einer „Melodie der Schöpfung", von der die Quanten bewegt werden.[15]

1760
England erobert Kanada

Der Weg, die Natur zu erforschen, führt nach Lomonosov zu einer Art „Vergötterung" (russ.: обожение – oboženie): *„Aber wer sich dazu noch den allmächtigen Schöpfer und Beherrscher der Natur vorstellt, sieht mit wissendem und durchdringendem Blick in das verborgene Innere vielgestaltiger Werke der Schöpfung, er sieht ihre in wechselseitiger Verbindung vereinigten und wohlgeordneten Teile, Geheimnisse, die anderen unbekannt sind und in denen die unerreichbare schöpferische Allweisheit um so großartiger erscheint, je feiner ihr Bau ist. Er erhebt sich nicht nur auf den Flügeln der Ehrfurcht entzückt zum Himmel, sondern es ist, als ob er selbst an einer Art Vergötterung (oboženie) teilhabe."* [16] Welchen Zustand meint Lomonosov mit „обожение – *oboženie*"? Die Freude über die göttliche Schöpfung, eine Art Verzückung, Bewunderung, Anbetung, Glückseligkeit? Die Erkenntnis, wer der Mensch ist? Oder sogar eine Art Einheitsgefühl? Dieser Zustand lässt den Forscher zum „zweiten Chef der Natur" [17] (russ.: начальник натуры – načal'nik natury) werden. Daraus wird deutlich, dass Lomonosov sich und Gott bzw. den Menschen und Gott getrennt sieht. Hier liegt eine Grenze seiner Philosophie.

1762-1796
Katharina II., die Große, Zarin von Russland

Das Erforschen der Natur steht für Lomonosov nicht im Widerspruch zur Religion. Die Natur und die heilige Schrift sind zwei Evangelien, die der Schöpfer gegeben hat. Er weist darauf hin, dass die heilige Schrift nicht wörtlich ausgelegt werden sollte und beruft sich mit verschiedenen Beispielen auf die Kirchenväter, wie z. B. Basilios den Großen, der im Sechstagewerk (Hexaëmeron), Gespräch 2 zu dem Thema „Und Gott sprach" schreibt: „*Welche Notwendigkeit zu Worten gibt es für diejenigen, die die Macht haben, durch den Geist selbst miteinander Rat zu halten.*" Lomonosov erläutert hierzu: „*Er zeigt damit deutlich, daß die Worte Gottes weder einen Mund noch Ohren noch Luft benötigen, um sich jeweils ihr Wollen mitzuteilen, sondern durch Geisteskraft sprechen.*" [18] Hier wird deutlich, dass Lomonosov u. U. selbst Gottes Stimme vernommen hat, denn man kann nur so schreiben, der selbst die Erfahrung gemacht hat. In einem Gedicht (1747) schreibt er:

> *„Ein Gott bewegt mit Lippen; ich werd durch sie verkünden.*
> *Ich werde mein Geheimes und auch die Himmel öffnen,*
> *Entdecken die Erkenntnis des Geistes hoch und heilig;*
> *Denn ich besinge Dinge, die keiner vor mir kannte!*
> *Ich habe große Lust, durch's Sternenreich zu wandeln,*
> *Und, mit den Wolken ziehnd, das Erdenjoch zu sehn."*

5.4 Grigórij S. Skovorodá (1722-1794)

5.4.1 Leben und Werk

1762
J. J. Rousseau
Gesellschaftsvertrag

Als Sohn eines einfachen Kosaken wurde Grigorij Skovoroda (russ.: Григо́рий С. Сковорода́) im Jahre 1722 in Čërnuchi (Ukraine) geboren. Als Kind besuchte er eine Dorfschule und studierte bereits im Alter von 16 Jahren an der Mohyla-Akademie in Kiev, an der zu dieser Zeit die so genannten sieben freien Künste unterrichtet wurden. Da Grigorij sehr gut singen konnte, durfte er in den Jahren 1742 bis 1744 im Chor am Zarenhof in St. Petersburg mitsingen. Im Anschluss daran setzte er sein Studium an der Kiever Akademie fort, das er jedoch nicht abschloss, sondern aus der letzten Klasse austrat, um „fremde Länder zu sehen". Kurze Zeit später reiste Skovoroda mit dem Generalmajor Fëdor Višnevskij als dessen Sekretär und Kirchensänger nach Tokaj (Ungarn), später allein weiter nach Budapest, Pressburg (Bratislava) und Wien. Es ist heute nicht mehr genau nachvollziehbar, ob er – wie oftmals vermutet – auch in Deutschland, Polen und Italien weilte. Sein Aufenthalt im Ausland dauerte ungefähr zweieinhalb Jahre, in denen er seine Studien in Erziehungswissenschaften, Philologie und Philosophie selbstständig fortsetzte. Wahrscheinlich im Jahre 1750 kehrte Skovoroda in die Ukraine zurück und studierte an der Kiever Akademie weiter. Mit Unterbrechungen war er im Jahre 1750 kurzzeitig Lehrer am Perejaslaver Kolleg für Poetik, als Hauslehrer im Kowai-Dorf (1753 und 1756 bis 1759) und am Charkover Kolleg für Ethik (1759/60, 1762-1764 und 1768-1769). Ab dem Jahre 1769 wanderte er als freier

1772
Haydn
Abschiedssymphonie

Philosoph und Schriftsteller durch die Ukraine, verfasste die meisten seiner Schriften[19] und beendete sein Leben im Jahre 1794.[20]

Abb. 18: Grigorij S. Skovoroda
Quelle: Wikimedia Commons

Sein Schüler und Freund Michajlo Kovalins'kyj (1745-1807) schrieb kurz nach dem Tod Skovorodas in seiner Biographie: *„Seine Kleidung war einfach und bescheiden; die Nahrung bestand aus Kräutern, Früchten und Milcherzeugnissen; bis zum Sonnenuntergang nahm er nur eine Mahlzeit zu sich;* [. . .] *Er schlief nicht mehr als vier Stunden und stand sehr früh auf. Wenn es das Wetter erlaubte, ging er immer zu Fuß aus der Stadt, um an der frischen Luft und in den Gärten zu spazieren. Immer fröhlich, voller Schwung, rührig, enthaltsam, keusch, mit allem zufrieden, gefällig, gutherzig, gesprächig dort, wo er zu sprechen nicht gezwungen war; aus allem zog er eine moralische Lehre; er achtete jeden Stand der Menschen und besuchte die Kranken, tröstete die Traurigen, teilte das Letzte mit den Armen; er wählte und liebte die Freunde nach ihrem Herzen; er war fromm ohne Aberglauben und gelehrsam ohne Überhebung, sein Benehmen war ohne Unterwürfigkeit."* [21]

5.4.2 Philosophie

1781
Kant
Kritik der reinen Vernunft

Seine Erkenntnisse schrieb Skovoroda in Dialogen, Fabeln, Parabeln, Traktaten, Liedern, Gedichten, Parabeln, Episteln und Predigten in altrussischer (auch: altukrainischer) Sprache mit kirchenslavischen und großrussischen Elementen nieder. Seine Lehren bilden nach Levickij kein System. Übersetzungen in die deutsche Sprache liegen teilweise vor, wie z.B. von *Narziss*, *Charkover Fabeln*, *Eingangstür zur christlichen Ethik* und *Gespräch über die Weisheit.*[22]. Im Folgenden werden Aspekte seines Gottes- und Menschenbildes und seiner Lehre von der Einheit, von Ethik und Pädagogik vorgestellt.

Für Skovoroda gibt es einen göttlichen Anfang, zu dem er schreibt: *„Ich sehe ihn nicht, aber ich weiß und ich glaube, dass er ist."* [23] Er bezeichnet Gott mit vielen verschiedenen Namen, obwohl er meint, dass er/sie keinen Namen besäße. Čiževskij nennt hier an erster Stelle **„der Seiende"**. Gern nannte Skovoroda Gott **„Natur"** und begründet es so: *„Sie heißt deswegen Natur, weil alles, was nach außen hin erscheint oder aus ihren geheimen und grenzenlosen Tiefen wie aus* *dem Schoße der All-Mutter geboren wird, seinen zeitlichen Anfang hat. Und weil diese Mutter das, was sie gebiert, von niemandem empfängt, sondern aus sich selbst gebiert, darum heißt sie auch Vater und Anfang, der keinen Anfang und kein Ende hat, weder von der Zeit noch vom Raume abhängig ist; die Maler stellen sie als einen Kreis, einen Ring oder als Schlange dar, die sich in den Schwanz beißt."* [24] Der Psychologe Neumann bezeichnet diesen Anfangszustand, der Männliches und Weibliches enthält, als „Uroboros" oder das „Große Runde".[25] Beachtenswert ist, dass Skovoroda Gott als **„Mutter"** und/oder **„Vater"** sieht.

1782
Schiller
Die Räuber

Ein anderer Name ist **„Anfang"**. Skovoroda erklärt: „*Die göttlichen Mystagogen oder Geheimführer beziehen [das Wort] Anfang nur auf Gott. – – – Der wirkliche Anfang ist das, was nichts vor sich selbst hatte.*" [26] Das Symbol „Rad" wird nach Skovoroda auch für Gott benutzt: „*Warum wird Gott als ein Rad dargestellt? – – – Er fängt alles an, hat aber selbst keinen Anfang; nichts kann Anfang sein, vor dem schon etwas wäre. Nur das ist der wahre Anfang, was vor allem da war und vor dem nichts da war. Nur Gott ist der eigentliche Anfang, welcher vor allem da ist. Er ist vor allem da und verbleibt nach allem – das kann man von nichts anderem sagen.*" [27] Er kommt zu dem Schluss: „*Gott, Anfang, Ewigkeit, Licht sind dasselbe.*" [28] Skovoroda vertritt die Ansicht: „*Dieser wahrhaftige Anfang lebt überall.*" [29] und „*Gott ist in uns: Überall ist Gott. Warum dann von einem Ort zum andern wandeln? Wo kann man ihn näher suchen als in sich selbst?*" [30] Grundsätzlich ist der Anfang für Skovoroda **Liebe**. Er zitiert hierzu aus dem ersten Johannesbrief (1 Joh 4, 8 und 1 Joh 4, 16) in seinem Werk *Eingangstür zur christlichen Ethik*: „*Бог Любы есть* [. . .]" (dt.: „*Gott ist die Liebe*") [31]

Für Skovoroda besteht der Mensch aus zwei Körpern: „*Es gibt einen irdischen Körper und es gibt einen geistigen KÖRPER, verborgen, geheim und ewig.*" [32] Er sieht den Menschen als Ebenbild Gottes (Gen 1, 27): „*Das ist der wahre MENSCH, der durch Wesen und Kraft seinem ewigen Vater gleich ist, einer in uns allen und in allem ganz, ‚sein Reich ist ohne Ende'* [. . .]" [33] An anderer Stelle schreibt er: „*Aber der wahre Mensch und Gott ist dasselbe.*" [34] In dem Werk *Eingangstür zur christlichen Ethik* schreibt Skovoroda: „*Царствïе Божïе внутрь нас*, [. . .]" [35] Dieses Zitat stammt aus der Bibel. Luther übersetzte im Lukasevangelium: „*Das Reich Gottes kommt nicht mit äußerlichen Geberden.* [. . .] *Denn sehet, das Reich Gottes ist inwendig in euch.*" Auch im Thomasevangelium (Spruch 3) ist zu lesen: „*Jesus sprach:* [. . .] *das Reich ist in euch und außerhalb von euch. Wenn ihr euch erkennt, werdet ihr erkannt werden und werdet erkennen, daß ihr Söhne des lebendigen Vaters seid. Wenn ihr euch aber nicht erkennt, so seid ihr (geistig) arm und seid die (geistige) Armut.*"

1787
Mozart
Don Giovanni

An ihre wichtigste Aufgabe im Leben erinnert Skovoroda die Menschen mit den Worten: „*WACH AUF! mit Habakuk. Erkenne dich selbst. Erforsche dich selber. Bleibe in deinem Haus. Beschütze dich selbst. Höre mich! Behüte dein Herz!*" [37] Die Aufforderung „Erkenne dich selbst!" steht auf dem Apollotempel von Delphi, wo die Inschrift vermutlich im 5. Jh. v.d.Zt. eingraviert wurde. Strittig ist, von wem sie ursprünglich stammt.

1788
Knigge
Über den Umgang mit Menschen

In den Werken *Narziss* und *Eingangstür zur christlichen Ethik* erwähnt Skovoroda, dass der Mensch Gott hören kann. Die Menschen sollen Gott hören. Die Stimme des Anfangs ist im Herzen wahrnehmbar: *„Diese ewige göttliche Weisheit setzt ihre Rede ohne Unterlass in allen Zeitaltern und bei allen Völkern fort, und sie ist nichts anderes, als das unsichtbare Antlitz Gottes und das überall gegenwärtige Wesen und lebendige Wort, das geheimnisvoll im Innern von uns allen ertönt. Wir aber wollen ihre Ratschläge nicht hören, einerseits wegen des Gehörverlustes, zum größten Teil aber wegen unseres unglücklichen Starrsinns, der von einer schlechten Erziehung herrührt. Auf diese ewige Stimme (der Weisheit) haben jene weisen Menschen gehört, die bei den Juden Propheten genannt wurden und die mit tiefer Furcht das Befohlene ausgeführt haben."* [38] Skovoroda schreibt, dass Menschen mit reinem Herzen Gott hören können. Die Lehre vom Herzen geht nach Čiževskij auf den Platonismus und die Bibel zurück. Zu einem unreinen Geist führen nach Skovoroda Emotionen wie Neid, Hass, Rachsucht, Stolz, Schmeichelei, Trübsinn, Kummer, Gram und ähnliches.[39]

Čiževskij weist daraufhin, dass Skovorodas Worte zur Vergöttlichung (russ.: обожение, grch.: theosis) von der Zensur im 19. Jahrhundert gestrichen wurden. [40] Skovoroda sieht den Menschen und Gott als Einheit an: *„Denn der wahre MENSCH und Gott sind dasselbe.* [. . .] *Und der HERR und GEIST, der kein Fleisch und keine Knochen hat, und Gott – alles das ist eins."* [41] Der „Weg" zur **Einheit** ist, sich selbst zu erkennen, niedere Emotionen loszulassen und reinen Herzens sein. Vom Grundsatz her ist Gott „mit allem" im Menschen. Der Mensch, der sich als ein göttliches Wesen erkennt, kann die Einheit mit dem Anfang erfahren.

1789
Französische Revolution, Sturm auf die Bastille

Die **Ethik** Skovorodas baut auf sein Gottes- und Menschenbild auf. Um Glück zu erfahren, sollte der Mensch seinen Anfang fragen und ihm folgen. *„Mit Fleiß Gott folgen, ist die süßeste Quelle des Friedens, des Glücks und der Weisheit. Jeder soll seine Natur kennen und soll fragen: was gefällt Gott."* [42] Leid erfährt er, wenn Eigenwillen gelebt wird. Chaos in der Gesellschaft entsteht dadurch, dass die Menschen Eigenwillen leben: *„Die Gesellschaft ist dasselbe wie eine Maschine. Jede Störung in ihr entsteht dadurch, daß ihre Teile nicht das tun, wozu sie vom Künstler gemacht sind."* [43]

Für Skovoroda kann jeder Glück erfahren, unabhängig davon, welcher gesellschaftlichen Schicht er angehört: *„Glück hängt weder von den Wissenschaften, noch vom Rang, noch vom Reichtum, sondern allein davon ab, daß man sich gern dem Willen Gottes anvertraut.* [. . .] *Der Fehler ist aber* [. . .] *wenn jemand die sklavische mit der herrischen Natur verwechselt und statt der prophetischen Natur die viehische und blinde sich zur Führerin nimmt."* [44] Skovoroda fragt: *„Wer* *hat ihnen den falschen Weg zum Glück so tief ins Herz eingeprägt? Selbstverständlich der Vater der Finsternis."* [45] Skovoroda kommt zu dem Schluss: *„Und es gibt nicht Freudigeres, als in Übereinstimmung mit der Natur zu leben."* [46]

1789
Englischer Garten in München

Auf der Grundlage seines Gottes- und Menschenbildes entwickelte Skovoroda auch seine eigene **Pädagogik**. Einige Kernthesen lauten:

- Erziehung / Bildung beginnt mit der Empfängnis. Wenn Eltern sich selbst bilden und den Willen des Schöpfers folgen, ist das Umfeld bestens geeignet für die Empfängnis, die Geburt und die Entfaltung des Kindes.
- Erziehung / Bildung macht vor allem der Anfang. Gott ist der erste Lehrer: *„Die echte Erziehung entspringt aus dem Wesen der Natur [Gott] selbst* [. . .] *Die Natur [Gott] ist also die erste Erzieherin und Lehrerin."* [47]
- Erziehung / Bildung ist die Aufgabe des Elternhauses und der Schule (zwei Säulen).
- Jeder Mensch ist aufgerufen, sich selbst lebenslang zu bilden.

Mit seiner Pädagogik stieß Skovoroda als Lehrer an öffentlichen Institutionen jedoch auf Widerstand, da die offizielle Lehre von der „Bändigung des Kindes" dem entgegengesetzt war.[48]

1792
Mary Wollstonecraft
Die Verteidigung der Rechte der Frau

Die Philosophie Skovorodas wird als christliche Philosophie bzw. Mystik bezeichnet. Er zählt nach Goerdt zu den Begründern der russischen Philosophie. Seine Kernlehren sind im Prinzip nicht neu. Čiževskij stellt dar, dass Skovorodas Aussagen bereits im Platonismus und Neuplatonismus sowie bei den Kirchenvätern, Mystikern des Mittelalters und der Neuzeit zu finden sind. Aber zu seiner Zeit war die Vergöttlichung, wie Čizevskij schreibt, fast in Vergessenheit geraten.[49] Skovoroda erinnert sozusagen an die „eine Wahrheit". Hervorzuheben ist, dass Skovoroda zwar sprachlich Ausdrücke der deutschen Mystiker verwendet, aber nach Čizevskij seine Thesen eigenständig verfasst, also nicht kopiert hat.[50] *„Diese Gedanken gehören nicht mir; ich habe sie mir nicht ausgedacht: Die Wahrheit ist ohne Anfang."* [51] Skovoroda hat die Einheit mit Gott verwirklicht.[52]

5.5 Zusammenfassung

Michail Lomonosov lebte das Forscher-Sein mit Hingabe. Für ihn war Gott der Anfang. Die Grenze seiner Philosophie liegt in der Begrenzung auf die Erforschung der Natur.

Skovoroda ist ein Philosoph, der die Philosophie im Sinne des Anfangs reflektierte. In seinen Werken kommt die Lehre „Gott ist in allem." zum Ausdruck. Sein „Weckruf": *„Wache auf* [. . .] *erkenne, wer du bist"* erinnert die Menschen an ihre wohl wichtigste Aufgabe im Leben. Wer sich als ein göttliches Wesen erkennt, kann das Eins-Sein mit dem Anfang erfahren.

1 Vgl. Tornow, Siegfried: *Handbuch der Text- und Sozialgeschichte Osteuropas*, S. 362-375; vgl. auch Levickij, Sergej A.: *Russisches Denken I*, S. 29 und 34.
2 Vgl. *Lexikon der Russischen Kultur*, S. 71-73; vgl. auch Wetter, Gustav: Ursprünge und erste Entwicklung der russischen Philosophie, S. 20; vgl. auch Tornow, Siegfried: *Handbuch der Text- und Sozialgeschichte Osteuropas*, S. 266 und 304; vgl. auch Čiževskij, Dmitrij: *Russland zwischen Ost und West*, S. 25-27.
3 Vgl. Levickij, Sergej A.: *Russisches Denken I*, S. 35 f.; vgl. auch *Lexikon der russischen Kultur*, S. 71-73; vgl. auch Čiževskij, Dmitrij: *Russland zwischen Ost und West*, S. 37-50.
4 Vgl. *Lexikon der russischen Kultur*, S. 348 f.; vgl. auch Wetter, Gustav: *Ursprünge und erste Entwicklung der russischen Philosophie*, S. 20 f.; vgl. auch Holzey, Helmut / Mudroch, Vilem (Hrsg.): *Die Philosophie des 18. Jahrhunderts*, S. 1621 f.
5 Vgl. *Lexikon der russischen Kultur*, S. 348 f; vgl. auch Goerdt, Wilhelm: *Um das Ganze in der russischen Philosophie*, S. 12 und 17; vgl. auch Goerdt, Wilhelm: *Russische Philosophie. Zugänge und Durchblicke*, S. 191.
6 Bauernsöhnen blieb der Zugang zur Akademie verwehrt.
7 Wolff, Christian; zit. nach Goerdt, Wilhelm: *Zum Dialog zwischen Russen und Deutschen,* S. 227.
8 Vgl. Grasshoff, Helmut: *Geschichte der russischen Literatur von den Anfängen bis 1917*, S. 140-143; vgl. auch Morozov, Aleksandr A.: *Michail V. Lomonosov 1711-1765,* S. 581-584.
9 Puškin, Aleksandr; zit. nach Goerdt, Wilhelm: *Russische Philosophie: Zugänge und Durchblicke*, S. 192.
10 http://www.wikipedia.ru: ***Михаил Васильевич Ломоносов,*** Druck: 27.03.2016.
11 Zit. nach Levickij, Sergej A.: *Russisches Denken I*, S. 35; Lomonosov, Michail V.: *Polnoe sobranie sočinenij*, Moskva, Leningrad 1950-1959, VIII, S. 206; zit. nach Schmid, Ulrich: *Russische Religionsphilosophen des 20. Jahrhunderts*, S. 9.
12 Vgl. zu dem Schaffen von Lomonosov Morozov, Aleksandr: *Michail V. Lomonosov 1711-1765*.
13 Vgl. zu Werken von Lomonosov: *Polnoe sobranie sočinenij* (Gesammelte Werke; russ.), 11 Bände, Moskva, Leningrad 1950-1983; in deutscher Sprache: *Ausgewählte Schriften in zwei Bänden*. Band I: *Naturwissenschaften*; Band II: *Geschichte, Sprachwissenschaft und anderes*, Berlin 1961; vgl. auch Goerdt, Wilhelm: *Russische Philosophie. Texte*, S. 47-66.
14 Lomonosov, Michail V.: *Ausgewählte Schriften*, Band 1: *Aus den Bemerkungen zur Physik und Korpuskularphilosophie*, S. 79.
15 Vgl. Müller, Hartmut; *Die Melodie der Schöpfung*, in: *Raum und Zeit* 129/2004.
16 Lomonosov, Michail: *Programm*; zit. nach Goerdt, Wilhelm: *Russische Philosophie. Texte*, S. 52; Lomonosov, Michail V.: *Ausgewählte Schriften*, Band 1, S. 131.
17 Lomonosov, Michail V.: *Izbrannye filosofskie proizvedenija*, Moskva 1950, S. 134; zit. nach Schmid, Ulrich: *Russische Religionsphilosophen des 20. Jahrhunderts*, S. 9.
18 Lomonosov, Michail V.: *Erscheinung der Venus vor der Sonne*; zit. nach Goerdt, Wilhelm: *Russische Philosophie. Texte*, S. 57.
19 Vgl. hierzu die Übersichten zu seinen Werken in Čiževskij, Dmitrij: *Skovoroda*, S. 225 f.; Oljančyn, D.: Hryhorij Skoworoda 1722-1794, S. 41-75.)
20 Vgl. Skovoroda, Hryhorij: *Ausgewählte Werke,* S. IX-XX; vgl. auch Čiževskij, Dmitrij: *Skovoroda*, S. 9-21.
21 Skovoroda, Hryhorij: *Ausgewählte Werke,* S. X.
22 Vgl. Skovoroda, Hryhorij: *Ausgewählte Werke;* vgl. auch Goerdt, Wilhelm: *Russische Philosophie, Texte,* S. 67-81; vgl. auch Čiževskij, Dmitrij: *Skovoroda* (Auszüge in Zitaten).

23 Skovoroda, Hryhorij: *Ausgewählte Werke: Narziss,* S. 83.
24 Skovoroda, Grigorij; zit. nach Čiževskij, Dmitrij: *Skovoroda: Dichter, Denker, Mystiker*, S. 96 f.; vgl. auch Goerdt, Wilhelm: *Russische Philosophie: Zugänge und Durchblicke*, S. 211 f.
25 Vgl. Neumann, Erich: *Die Große Mutter,* S. 33.
26 Skovoroda, Grigorij; zit. nach Čiževskij, Dmitrij: *Skovoroda: Dichter, Denker, Mystiker*, S. 97.
27 Skovoroda, Grigorij; zit. nach Čiževskij, Dmitrij: *Skovoroda: Dichter, Denker, Mystiker*, S. 98.
28 Skovoroda, Grigorij; zit. nach Čiževskij, Dmitrij: *Skovoroda: Dichter, Denker, Mystiker*, S. 98.
29 Skovoroda, Grigorij; zit. nach Čiževskij, Dmitrij: *Skovoroda: Dichter, Denker, Mystiker*, S. 97.
30 Skovoroda, Grigorij; zit. nach Čiževskij, Dmitrij: *Skovoroda: Dichter, Denker, Mystiker*, S. 166.
31 Skovoroda, Hryhorij: *Ausgewählte Werke*, S. 197 und 201; vgl. 1 Joh 4, 8: *„denn Gott ist die Liebe."* und 1 Joh 4, 16: *„Gott ist Liebe und alle, die in der Liebe bleiben, bleiben in Gott und Gott bleibt in ihnen."*
32 Skovoroda, Hryhorij: *Ausgewählte Werke: Narziss,* S. *59;* vgl. auch 1 Kor 15, 44.
33 Skovoroda, Hryhorij: *Ausgewählte Werke: Narziss, S. 101.*
34 Skovoroda, Grigorij; zit. nach Čiževskij, Dmitrij: *Skovoroda: Dichter, Denker, Mystiker*, S. 126.
35 Skovoroda, Hryhorij: *Ausgewählte Werke,* S. 205.
36 Luther, Martin: *Biblia*, Lk 17, 20 und 17, 21.
37 Skovoroda, Hryhorij: *Ausgewählte Werke: Narziss,* S. 47*;* vgl. Hab 2, 19.
38 Skovoroda, Hryhorij: *Ausgewählte Werke: Eingangstür zur christlichen Ethik,* S. 219.
39 Vgl. Skovoroda, Hryhorij: *Ausgewählte Werke: Eingangstür zur christlichen Ethik,* S. 229 ff.
40 Vgl. Čiževskij, Dmitrij: *Skovoroda: Dichter, Denker, Mystiker*, S. 191.
41 Skovoroda, Hryhorij: *Ausgewählte Werke: Narziss,* S. 51.
42 Skovoroda, Grigorij; zit. nach Čiževskij, Dmitrij: Skovoroda: *Dichter, Denker, Mystiker,* S. 169.
43 Skovoroda, Grigorij; zit. nach Čiževskij, Dmitrij: Skovoroda: *Dichter, Denker, Mystiker,* S. 169.
44 Skovoroda, Hryhorij; zit. nach Čiževskij, Dmitrij: Skovoroda: *Dichter, Denker, Mystiker,* S. 167.
45 Skovoroda, Grigorij; zit. nach Čiževskij, Dmitrij: Skovoroda: *Dichter, Denker, Mystiker,* S. 170.
46 Skovoroda, Hryhorij: *Ausgewählte Werke: Eingangstür zur christlichen Ethik,* S. 185.
47 Olancyn, Domet: *Hryhorij Skovoroda,* S. 100*;* Einfügungen J. M.
48 Vgl. Olancyn, Domet: *Hryhorij Skovoroda,* S. 100-103.
49 Vgl. Čiževskij, Dmitrij: *Skovoroda*: *Dichter, Denker, Mystiker,* S. 191.
50 Vgl. Čiževskij, Dmitrij: *Skovoroda*: *Dichter, Denker, Mystiker,* S. 203 f.
51 Skovoroda, Hryhorij: *Ausgewählte Werke: Charkower Fabeln*, S. 131.
52 Vgl. Čiževskij, Dmitrij: *Skovoroda*: *Dichter, Denker, Mystiker,* S. 206-208.

Die Auferstehung des Lazarus

Herr Christ! Du hast dereinst gesprochen
Ein Machtwort, das dem Tod gebot.
Es hat des Grabes Kraft gebrochen,
Und Lazarus erstand vom Tod.

Ich bitte: Sprich zu meiner Seele
Dies gleiche Machtwort: ‚Stehe auf!';
So kommt die tote aus der Höhle
Des Grabes in dein Licht herauf.

Und sie wird leben und wird loben
Dich, der du bist das Licht vom Glanz
Des Herrn der Herrlichkeit dort oben
Und trugst für uns den Dornenkranz.

A. S. Chomjakov 1852

Die erste Hälfte des 19. Jahrhunderts

6.1 Historisches

Zar Aleksandr I. regierte Russland von 1801 bis 1825 und reformierte in der ersten Hälfte seiner Amtszeit das Verwaltungs- und Bildungssystem. Im Jahre 1812 wollte Napoleon Russland erobern und drang sogar bis Moskau vor. Als die Stadt aber zu dreiviertel abbrannte, musste seine Armee den Rückzug antreten, weil die Versorgung für die nächste Zeit nicht ausreichte und der russische Winter vor der Türe stand. Der Sieg über Napoleon hob das nationale Bewusstsein in Russland. Um die Friedensordnung des Wiener Kongresses zu sichern, wurde auf Initiative von Aleksandr I. im Jahre 1815 ein europäisches Staatenbündnis gegründet, die *Heilige Allianz*.[1] Die zweite Hälfte der Amtszeit des Zaren war von reaktionärer Politik gekennzeichnet. So veranlasste der Minister für Volksaufklärung A. N. Golicyn, dass die deutschen Professoren an den Universitäten entlassen wurden. Denn die Regierung wollte die orthodoxen Traditionen wieder pflegen und vor fremden Einflüssen schützen. Der Unterricht an den Universitäten unterlag staatlicher Aufsicht und wurde auf Religionskonformität ausgerichtet. Die philosophischen Schriften von Kant, Fichte und Schelling galten als äußert gefährlich.[2]

1804
Napoleon zum Kaiser gekrönt

Als der Zar im Jahre 1825 überraschend starb, nutzen im Dezember adelige Offiziere die unklare Thronnachfolge aus, um zu putschen. Sie wollten die Autokratie beenden, Russland mittels parlamentarischen Institutionen demokratisieren und die Lage der Bauern verbessern. Der Aufstand wurde jedoch von zarentreuen Regimentern niedergeschlagen und die Adelsrevolutionäre vom neuen Zaren mit dem Tod oder Verbannung nach Sibirien bestraft. Die Aufständischen wurden später „**Dekabristen**“ genannt (russ. dekabr – Dezember).[3]

Nikolaj I. (1796-1855) folgte seinem älteren Bruder auf den Zarenthron, war jedoch nicht auf das Regieren vorbereitet. Militärisch ausgebildet und unter dem Schock des Dekabristenaufstandes stehend, wollte er sein Ideal von einem Polizeistaat während seiner Amtszeit verwirklichen. Er richtete eine geheime Staatspolizei, die so genannte „Dritte Abteilung“, ein, verschärfte die Zensur, ließ durch Speranskij eine große Gesetzessammlung herausgeben und stellte die Bildungseinrichtungen unter strenge staatliche Kontrolle. Unter dem Minister für Volksaufklärung S. S. Uvarov (1786-1855) wurde in den 1830er Jahren die Staatsideologie auf drei Säulen aufgebaut: „Autokratie, Orthodoxie und Volkstümlichkeit“ mit dem Ziel, zarentreue Untertanen heranzubilden. Nikolaj I. selbst mochte keine Philosophie, sah sie sogar als Gefahr an und untersagte seinen Soldaten, sich damit zu beschäftigen. Im Zuge der europäischen Revolutionen wurden im

1810
W. v. Humboldt, Gründung Universität Berlin

Jahre 1850 alle philosophischen Lehrstühle an russischen Universitäten aufgehoben. Der „Militärzar" starb zwei Jahre nach Ausbruch des Krimkrieges (1853-1856) aus nicht ganz geklärten Umständen.[4]

6.2 Russland und Europa

Die Politik der Zaren bewirkte, dass philosophische Fragen außerhalb der Universitäten in Gesprächskreisen und literarischen Salons reflektiert wurden. Zu dem **Kreis der Weisheitsliebenden** (1823-1825), den der Fürst und Schriftsteller V. F. Odoevskij (1804-1869) in Moskau leitete, gehörten I. Kireevskij (1806-1856), A. Chomjakov (1804-1860), D. Venevitinov (1805-1827), A. Košelëv (1806-1883) u. a. Sie besprachen verschiedene philosophische Konzepte, wollten vor allem die Philosophie von Schelling verstehen und selbst philosophieren. Unter dem Einfluss der deutschen Romantik stehend, bewerteten sie die europäische Kultur sowie das Verhältnis zwischen Russland und Europa.[5] Die Gespräche waren sehr ausführlich und befruchtend und die Teilnehmer bildeten sich im Disput und übten, zu philosophieren.

1812
Russland-Feldzug Napoleons

Der **Kreis um N. V. Stankevič** (1813-1840) entstand Anfang der 1830er Jahre in Moskau. Zu ihm gehörten u. a. Vissarion G. Belinskij, Konstantin S. Aksakov, Michail A. Bakunin, Michail N. Katkov und die beiden hegelianischen Professoren Redkin und Krukov, die sich aber auch mit der Philosophie von Feuerbach und Kant beschäftigten.[6] Im Jahre 1836 wurde der *1. Philosophische Brief* von Pëtr J. Čaadaev (1794-1856) in der Zeitschrift *Teleskop* veröffentlicht. Der Autor, der auch einige Zeit in Westeuropa gelebt hatte, kritisierte Russland sehr scharf. Seiner Meinung nach, sei es rückständig und hätte keine Kultur und keine Rolle in Europa. Čaadaev schlug vor, dass Russland vom Westen lernen und zum Katholizismus übergehen müsse, wenn es gerettet werden soll. Der Zar reagierte hart: Čaadaev wurde für geistesgestört erklärt sowie unter polizeiliche und ärztliche Aufsicht gestellt. Der Zensor, der den Brief passieren ließ, wurde ohne Pension entlassen und die Zeitschrift verboten.[7] Die Wirkung des Briefes in der Öffentlichkeit war enorm. Die Intelligenz spaltete sich in zwei Lager: in die so genannten „Westler" und „Slavophilen". Die ersteren vertraten eine ähnliche Sicht wie Čaadaev, entschieden sich aber teilweise für den Atheismus. Die anderen verteidigten Russland und seine Kultur.[8]

1819
Schopenhauer *Die Welt als Wille und Vorstellung*

An der entbrannten Diskussion über die Rolle Russlands in Europa nahm jeder teil, der geistig rege war. Es entstanden hierzu vielfältige Konzepte.[9] Goerdt weist auf die Problematik der Begriffe „Westler" und „Slavophile" hin.[10] Sie werden weitgehend in der Literatur verwendet. Es gibt aber auch alternative Vorschläge für letzteren, wie z. B. von Čiževskij „*Russophile*"[11] oder von Levickij „*orthodoxer Russismus*"[12]. Im folgenden Abschnitt 6.3 wird die eher westlich orientierte Denkrichtung vorgestellt und im Abschnitt 6.4 die russlandorientierte.

6.3 Die Westler

Der *1. Philosophische Brief* von Čaadaev entfachte eine Debatte um die Rolle Russlands in Europa. Die „Westler" sahen Russland als einen Teil Europas an, der jedoch zurückgeblieben ist und vom Westen lernen sollte. Ihre Entwürfe unterscheiden sich zwar, aber es gibt auch Gemeinsamkeiten:

- Übernahme von westeuropäischen politischen, wirtschaftlichen, sozialen und philosophischen Konzepten, d. h. Liberalismus, Rationalismus, parlamentarische Institutionen, demokratische Freiheit, Industrialisierung u. ä.
- Abschaffung von Leibeigenschaft
- Modernisierung von Russland auf den von Peter I. eingeschlagenen Weg der Europäisierung, nicht über die Entfaltung der eigenen, besonderen Kultur.

1820-1840
Blüte der russischen Romantik: A. Puškin (1799-1837), N. Gogol' (1809-1852), M. Lermontov (1814-1841)

Ab Mitte der 1840er Jahre spaltete sich die Gruppierung in einen liberalen und einen revolutionär-demokratischen Teil. Zu dem ersten zählen u. a. der Literaturkritiker P. V. Annekov (1813-1887), die Historiker T. N. Granovskij (1813-1855) und K. D. Kavelin (1818-1885) sowie der Schriftsteller I. S. Turgenev (1818-1883). Sie gingen davon aus, dass die Seele unsterblich ist, und wollten die Gesellschaft friedlich umgestalten. Der radikale Teil, zu dem der Revolutionär und Frühsozialist Michail Bakúnin (1814-1876), der radikalaufklärische Literaturkritiker Vissarion G. Belínskij (1811-1848), die Schriftsteller und Frühsozialisten Aleksandr I. Gércen (1812-1870) und N. B. Ogarëv (1813-1877) u. a. gehörten, entwickelte sich zum Atheismus und Materialismus / Sozialismus hin und wollte auch über revolutionäre Aktionen die Wende bewirken. Die Westler wurden zunächst von Schiller, Kant, Fichte, Schelling und Hegel beeinflusst, später auch von Feuerbach, Comte, Saint-Simon und französischen Sozialisten.[13] Sie haben sich Europa zugeneigt und die Rückständigkeit Russlands aufgezeigt, aber Ihre Vorschläge bewegten zu der damaligen Zeit den Zaren Nikolaj I. nicht zu großen Reformen. Später wurde die Leibeigenschaft (1861) abgeschafft und die Wirtschaft industrialisiert. Zar Aleksandr II. wurde durch ein Attentat ermordet (1881). Nach den Aufständen und dem Generalstreik im Jahre 1905 gewährte Zar Nikolaj II. mit dem Oktober-Manifest eine Staatsduma. Der mit der Oktoberrevolution eingeführte Sozialismus scheiterte letztendlich, bestimmte aber das Land und die Menschen 72 Jahre lang (1917 bis 1989).

6.4 Die Slavophilen

Eine den Westlern entgegen gesetzte Denkrichtung waren die so genannten „Slavophilen", die sich ungefähr Ende der 1830er Jahre herausbildeten. Neben ihrer Herkunft aus adeligen Gutsbesitzerfamilien sowie ihrer hohen und vielseitigen Bildung verbindet sie die

- Kritik an westeuropäischen Ländern, speziell an deren Rationalität und Individualismus

- tiefe Religiosität
- Bindung an die Orthodoxie
- Rückbesinnung auf die altrussische Kultur, um darauf Visionen oder Utopien für die Zukunft Russlands aufzubauen.

Die russlandorientierten Denker erkannten die Stärke Russlands in der Erhaltung des wahren Christentums und in der Brüderlichkeit. Gemeinschaften, die auf den freien Willen beruhen, sahen sie im einfachen russischen Volk und in seiner Geschichte. Darauf aufbauend gestalteten sie ihre Konzepte für die Zukunft. Die russischen Slavophilen wurden von der deutschen Romantik und Philosophie, insbesondere Schelling, beeinflusst. Zenkovskij weist aber in diesen Zusammenhang auf ihre tiefe Religiosität hin und beschreibt sie als *„lebendige Träger der Orthodoxie"*. Und Arseniev schreibt, dass sie ihre Theorien aus mystischen Erfahrungen entwickelten und führt eine Episode aus dem Leben von Ivan Kireevskij an: *„Ich stand einmal in der Kapelle, schaute das wundertätige Bild der Mutter Gottes an und dachte nach über den kindlichen Glauben des Volkes, der vor ihm betete. Einige Frauen und kranke Greise knieten, schlugen das Kreuz und verbeugten sich tief. Mit großem Vertrauen schaute ich auf die heiligen Züge und nach und nach wurde mir das Geheimnis der wunderbaren Kraft klar. Ja, es ist dies nicht bloß ein Holzbrett mit einem Bildnis* [. . .]*, ganze Jahrhunderte sog die Ikone Ströme von leidenschaftlichen Aufwallungen des Herzens auf, von Gebeten trauender, unglücklicher Menschen. Sie mußte sich erfüllen mit der Kraft, die aus ihr strömt* [. . .] *Sie wurde zu einem lebendigen Organ, zu einer Begegnungsstätte zwischen dem Schöpfer und den Menschen* [. . .] *Da fiel ich auf die Knie und betet vor ihr demütig* [. . .]*"* [14] Zu den Hauptvertretern der Slavophilen gehören neben Ivan V. Kireevskij, auch Aleksej S. Chomjakov, Konstantin Aksakov und Jurij F. Samarin (1819-1876), von denen die ersten drei in den nächsten Abschnitten vorgestellt werden.[15]

1823
Beethoven *9. Sinfonie*

6.4.1 Iván V. Kiréevskij (1806-1856)

Im Jahre 1806 wurde Iván V. Kiréevskij in eine adelige Gutsbesitzerfamilie geboren. Seine Eltern sorgten dafür, dass er eine hervorragende Bildung erhielt. Mit 12 Jahren beherrschte er Russisch, Französisch und Deutsch, später lernte er Griechisch, Latein und Englisch. Besonders interessierte ihn die Philosophie. Nachdem die Familie im Jahre 1822 nach Moskau gezogen war, unterrichteten Universitätsprofessoren ihn und seinen Bruder zu Hause. Außerdem besuchten sie Vorlesungen zur Philosophie an der Universität. Nach bestandener Abschlussprüfung arbeitete Ivan im Hauptarchiv des Außenministeriums. Während seiner Moskauer Zeit verkehrte er in philosophischen Zirkeln.

1832
Hambacher Fest

Um sich weiterzubilden, reiste Kireevskij im Jahre 1830 für einige Monate nach Deutschland, hörte Vorlesungen von Schelling, Hegel, Schleiermacher und Oken in Berlin und München. Nach Russland zurückgekehrt, gab er die von ihm gegründete Zeitschrift *Der Euro-*

päer heraus, in der auch ein Artikel von ihm *Das 19. Jahrhundert* veröffentlicht wurde. Kurz nach dem Erscheinen wurde jedoch die Zeitschrift von staatlicher Seite verboten. Viele Jahre veröffentlichte Kireevskij nichts und lebte als Gutsbesitzer. Durch seine Heirat mit der sehr religiösen Natal'ja Arbeneva erwachte in ihm das Interesse an östlichen Kirchenvätern. Bei der Herausgabe von Übersetzungen unterstützte er die Mönche vom Optina Pustyn'. In seinen letzten Lebensjahren schrieb Kireevskij die Aufsätze *Über den Charakter der Bildung Europas und ihr Verhältnis zur Bildung Russlands* (1852) und *Über die Notwendigkeit und Möglichkeit neuer Prinzipien in der Philosophie* (1856). Kurz darauf starb er an Cholera in St. Petersburg. Nach seinem Tode äußerte sich ein Mönch, dass er *„ganz Seele und Liebe"* verkörpert hätte.[16]

Abb. 19: Ivan V. Kireevskij
Quelle: Wikimedia Commons

Aus der Sicht von Kireevskij will der Westen die Wahrheit rein verstandesorientiert erfassen. In Russland dagegen würde die alte ostkirchliche Tradition gepflegt, die Wahrheit ganzheitlich, also mit Verstand, Gefühl und Gewissen zu begreifen. Die Ganzheitlichkeit sei Voraussetzung dafür, die Wahrheit überhaupt zu verstehen. Kireevskij schreibt: *„in Westeuropa herrscht überall Zersplitterung, eine Zwiespältigkeit erfaßt den Geist, das Denken, die Wissenschaft, den Staat, die Stände, die Gesellschaft, das Familienleben mit seinen Rechten und Pflichten, die moralische und seelische Verfassung, die Gesamtheit aller Daseinsformen des öffentlichen und privaten menschlichen Lebens; in Rußland dagegen überwiegt das Streben nach Konzentration des inneren und äußeren Daseins, des öffentlichen und privaten, des kontemplativen und des tätigen, des künstlerischen und moralischen Lebens."* [17] In dem Aufsatz aus dem Jahre 1852 kritisiert er die westeuropäische Bildung in Bezug auf Philosophie und stellt das altrussische Ideal von Bildung gegenüber:

1832
Goethe *Faust II.*

	Westeuropa: Latinität	Russland: Grazität
Christentum	verkürzt	vollständig
Theologie	abstrakt-rationalistisch	unteilbares Ganzes
Geist	zersplitterte Vernunft	Sammlung, Konzentration
Kirche	mit dem Staat vermischt	unabhängig
Bildungseinrichtungen	Akademien, Universitäten	Klöster
Wahrheit	Spitzfindigkeit	Lebensgefühl
Staat	Eroberung, Zwang	Gemeinsamkeit
Gesellschaft	ständisch zersplittert	solidarisch

Quelle: Lexikon der russischen Kultur, S. 416.

Čiževskij kritisiert, dass Kireevskij die (alt-)russische Wirklichkeit idealisierte und der westeuropäischen Realität gegenüberstellte, aber die abendländische Mystik vernachlässigte. Außerdem hätten zu dieser Zeit nur unvollständige Kenntnisse über die russische Geschichte vorgelegen.[18] Dahm hebt hervor, dass Kireevskij die Bedeutung der Ganzheitlichkeit im russischen Denken erkannte.[19] Der Wert seines Aufsatzes liegt im Erfassen dessen, dass westeuropäische Philosophie zu Zeiten von Kireevskijs rational-vernunftorientiert war und in den Traditionen der östlichen Mystik auf ganzheitliches Erfassen der Wahrheit Wert gelegt wurde.

1836
Glinka Ein Leben für den Zaren (auch: Ivan Sussanin); erste auf Russisch gesungene Oper: *„Für uns gilt Glinkas erstes großes Musikdrama bis heute als die Initialzündung der russischen Oper schlechthin."*
(Fedosejev, Dirigent)

Kireevskij ist bewusst, dass das Rad der Geschichte nicht zu einem idealtypischen Altrussland zurückgedreht und dass der europäische Einfluss in Russland nicht negiert werden kann. Er schlägt eine Synthese aus positiven Elementen der westlichen Bildung mit einer Rückbesinnung auf altrussische Traditionen vor, um einen neuen Weg für Russland zu finden: *„Nur das eine wünsche ich: möchten jene Prinzipien des Lebens, die in der Lehre der heiligen orthodoxen Kirche erhalten sind, die Überzeugungen aller Klassen und Stände unseres Volkes durchdringen; möchten jene höchsten Prinzipien in der europäischen Bildung herrschend werden, sie nicht etwa verdrängen, sondern im Gegenteil mit ihrer Fülle umfassen, ihr den endgültigen Sinn erteilen und sie zur Vollendung führen, so daß jene Geschlossenheit des Lebens, die wir im alten Rußland beobachteten, für immer unserem rechtgläubigen Rußland beschieden sei, dem gegenwärtigen und dem zukünftigen."* [20]

6.4.2 Alekséj S. Chomjakóv (1804-1860)

Im Jahre 1804 wurde Aleksej Chomjakov in Moskau geboren. Sein Vater war ein Adeliger, der beim Glückspiel im Englischen Club sehr viel seines Vermögens verloren hat. Aleksejs Mutter, die aus der Familie Kireevskij stammt, übte lebenslang einen prägenden Einfluss auf ihn aus, vor allem in religiösen Dingen. Ihr verdankte er auch eine sehr gute Bildung zu Hause, die durch Universitätsprofessoren ergänzt wurde. Chomjakov studierte Theologie, Philosophie und Mathematik. An der Moskauer Universität legte er im letzteren Fach die Prüfung ab und erwarb damit seinen Doktortitel in Mathematik. Von 1822 bis 1825 diente er beim Militär und nahm im Jahre 1828 am Russisch-Türkischen Krieg teil. Danach lebte er auf seinen Landgütern in

Abb. 20: Aleksej S. Chomjakov
Quelle: Wikimedia Commons

den Verwaltungsbezirken in Rjazan' und Tula oder im Winter in Moskau. Mit 21 und 43 Jahren reiste er nach Westeuropa. Als Chomjakov anderen Menschen, die an Cholera erkrankt waren, helfen wollte, infizierte er sich und starb im Alter von 56 Jahren auf seinem Landgut.

Sein Leben lang beschäftigte er sich mit vielseitigen Tätigkeiten. Berdjaev schreibt bewundernd über ihn: *„Dieser russische Gutsbesitzer, praktisch und geschäftstüchtig, Jäger und Techniker, ein Spezialist für Hunde und Homöopathie, war ein höchst beachtlicher Theologe der orthodoxen Kirche, Philosoph, Philologe, Historiker, Dichter und Publizist."* [21] Markant sind sein hellwacher Geist, hervorragende rhetorische Fähigkeiten, sehr hohes Verantwortungsbewusstsein gegenüber Gott und tiefe Religiosität, die mystischen Erfahrungen entsprang.[22]

1837-1901
Königin Victoria von England

Chomjakov entwickelte die Lehre von der „соборность (sobornost')". Das Wort ist kaum übersetzbar und geht auch auf das Adjektiv „соборный (sobornyi)" zurück, das in der Orthodoxie in Glaubensbekenntnissen vorkommt und dort bedeutet:
1. einig
2. heilig
3. katholisch im ursprünglichen Sinn „allumfassend". [23]
„Соборность" ist nach Chomjakov die Gemeinschaft der Menschen, die Gott als Anfang sehen und in Liebe verbunden sind. In der Literatur wird hierfür auch der Begriff „Kirche" verwendet. Čiževskij weist ausdrücklich daraufhin, dass nicht die Institution „Kirche" gemeint ist, sondern die „wahre Kirche", also eine Gemeinschaft im Geist.[24] Chomjakov erläutert auch, was für ihn „Glaube" ist: kein Glaubensbekenntnis, auch keine reine logische Schlussfolgerung, sondern die Erkenntnis der Wahrheit in einer erkannten Offenbarung und zugleich Leben.[25] In dem Sinne: *„Ich weiß, dass Gott ist."* (Meister Eckhart). Der Grund der Gemeinschaft ist der Geist und die Liebe Gottes. Chomjakov schreibt auch vom „Gesetz der Liebe". Aber nur diejenigen, die sich zu Gott hinwenden, sich öffnen, wären in Liebe mit allen Gliedern der Gemeinschaft verbunden. Für Chomjakov ist Christus das Haupt dieser Gemeinschaft.[26]

Chomjakov beschäftigte sich auch mit Geschichte und begann im Jahre 1838 mit seinem Werk *Beiträge zur Weltgeschichte*, aber es sind nur Fragmente überliefert. Für Chomjakov werden in einer idealen bürgerlichen Gemeinschaft *„Brüderlichkeit, Wahrheit und Recht, Gericht und Barmherzigkeit"* [27] gelebt. Aber er weiß, dass bei den jeweiligen Konfessionen unterschiedliche Vorstellungen zu diesen Begriffen vorliegen. Nur in der orthodoxen Kirche sieht er die Bedingungen für die Brüderlichkeit gegeben. Er schreibt hierzu: *„Nur in der Orthodoxie werden dieser Begriff und dieses Gefühl ausgebildet und gekräftigt. Nicht umsonst haben sich die Obschtschina, die Heiligkeit des Wahrspruches des Mir und die widerspruchslose Ergebenheit eines jeden vor dem einstimmigen Beschluß der Brüder nur in den rechtgläubigen Ländern erhalten. Die Glaubenslehre erzieht die Seele auch ohne gesellschaftliches Dasein."* [28]

1842
A. Comte, Positivismus

Wie er schreibt, konnte sich auf der Grundlage der Brüderlichkeit die russische Dorfgemeinschaft (Bauerngemeinde) „міръ (mir')" – später auch „община (obžšina)" genannt – entwickeln und erhalten. Chomjakov sah solche Gemeinschaften als eine Lösung für das zukünftige Russland an, um negative Einflüsse vom Westen abzuwenden (vgl. auch Abschnitt 6.4.3). In den russischen Dorfgemeinschaften gab es feste Regeln, zumindest ist seit dem 16. Jahrhundert nachgewiesen, dass das verfügbare Land gleich verteilt wurde. Der gewählte Dorfälteste übte bestimmte Funktionen aus, die Gemeinschaft als solche haftete insgesamt, z. B. bei Steuern. Beschlüsse wurden stets einstimmig verabschiedet.[29]

Chomjakovs Konzept „sobornost'" wurde von russischen Philosophen später weiterentwickelt, wie z. B. von Ivan Kireevskij, Konstantin Aksakov, Vladimir Solov'ëv, S. Trubeskoj, V. Ivanov, Simon Frank, Sergej Bulgakov und Pavel Florenskij.[30] Ist die Gemeinschaft „sobornost'" ein Zukunftsmodell? Ist die Gemeinschaft, in der die Menschen und Götter in Brüderlichkeit zusammenleben, im Bewusstsein, dass es einen göttlichen Anfang gibt und in Liebe verbunden sind, eine Vision, eine Schau einer fernen Zukunft? Oder nur eine Utopie?

6.4.3 Konstantin S. Aksákov (1817-1860)

1842
M. Glinka
Ruslan und Ljudmila
(Oper nach A. Puškins)

Abb. 21: Konstantin S. Askakov
Quelle: Wikimedia Commons

Konstantin Aksakov wurde im Jahre 1817 in Gouverment Orenburg geboren. Sein Vater ist der berühmte russische Schriftsteller Sergej T. Aksakov (1791-1859), der in späterer Lebensphase mit einfachen Erzählungen über das adlige Leben auf dem Land berühmt wurde. Konstantin studierte mit 15 Jahren in Moskau slavische Philologie und beschäftigte sich mit Philosophie. Im Gesprächkreis von Stankevič kam er mit der Philosophie von Hegel in Berührung. Später wandte er sich den Slavophilen zu. Aksakov schrieb Gedichte, sprachwissenschaftliche Artikel, Literaturkritiken und interessierte sich für Geschichte. Bekannt wurde er mit seiner Magisterdissertation *Lomonosov in der Geschichte der russischen Literatur und russischen Sprache*. Im Jahre 1855 übersandte er dem Zaren Aleksandr II. sein Memorandum *Über den inneren Zustand Russlands*. Bereits mit 43 Jahren starb er an Tuberkulose auf einer griechischen Insel.[31]

Einerseits schätzte Askakov **Westeuropa**, aber andererseits machte er auch die Erfahrung, dass die Seele im Westen verkümmert.[32] Er schreibt: *„Vieles hat unser alter Nachbar, der Westen, auf dem Felde der Wissenschaft geleistet, erstaunliche und titanische Werke sind von ihm vollbracht worden, aber sein Fieber läßt nicht nach.* [. . .] *Der Westen hat die ihm von Gott verliehenen Talente nicht in die Erde vergraben! Russland anerkennt das, wie es dies immer anerkannt hat."* [33] In der Zeitschrift *Das Gerücht* erläutert Aksakov, dass die **Slavophilen** nicht in den Zustand des alten Russlands zurückgehen, sondern auf dem Weg eines alten Russlands vorwärts gehen wollen. Denn: *„Wo Bewegung ist, wo ein Weg ist, da gibt es ein Vorwärts!"* [34] Aksakov ist davon überzeugt, dass das der wahre Weg ist.

Besondere Bedeutung misst Aksakov der slavischen **Dorfgemeinde** bei (russ. община – obščina bzw. altruss. мiрь – mir', eigentlich: Welt, Friede), die er als das *„höchste sittliche Modell der Menschheit"* [35] betrachtet. In seinem Werk *Aus Anlass des siebten Bandes der Geschichte Solo'vëvs* stellt er die zwei gesellschaftlichen Formen – den „Staat" und die „Gemeinde" – gegenüber: Der Staat ist der Weg der äußeren Gerechtigkeit. Die von ihm erlassenen Gesetze, Verordnungen u. ä. regeln das Zusammenleben und müssen von den Bürgern eingehalten werden. Für Aksakov ist dies ein Ausdruck der Unfreiheit. Auch könne sich der Bürger auf die Gesetze berufen und würde deshalb geistig träge werden. Da es noch „gewissenlose Menschen" gibt, die die Harmonie von Gemeinschaften stören, sei die Existenz eines Staates unbedingt erforderlich. Für westliche Länder sei der Staat ein „Prinzip, ein Ideal der Völker", für die Slaven jedoch eher ein „notwendiges Übel".[36] Vom Zar Aleksandr II. forderte er, die Landesversammlungen[37] wieder einzuführen. Sein „Konzept" vom russischen Staat sieht eine Monarchie vor, in der ein Zar herrscht und bei Bedarf die Landesversammlung einberuft, um die Meinung des Volkes anzuhören. Letzterem sollten sittliche Freiheit, die Freiheit des Lebens und des Geistes sowie das Recht auf Meinung, d. h. das freie mündliche, schriftliche und gedruckte Wort, gewährt werden.[38]

1848
Marx / Engels
Kommunistisches Manifest

Dem Staat stellt Aksakov die Gemeinschaft, d. h. die russische Dorfgemeinde gegenüber, die seiner Meinung nach auf dem Weg der inneren Gerechtigkeit, auf Aufrichtigkeit und freiem Tun beruhen würde. Ihre Anfänge liegen im Dunkeln. Seit dem 13. Jahrhundert zählten zu ihr alle Mitglieder einer bäuerlichen Gemeinde. Sie hafteten gemeinsam für Steuerschulden und wurden von einem gewählten Dorfältesten geführt. Seit dem 16. Jahrhundert wurde das verfügbare Land, das der Dorfgemeinde als juristische Person gehörte, gleichmäßig auf die Mitglieder, Bauer mit Frau und Familie, verteilt. Der Dorfälteste und die Mitglieder trafen einstimmig Entscheidungen in Dorfversammlungen.[39]

Aksakov wollte eine ökonomische Gemeinschaft auf Basis des sobornost'-Konzeptes von Chomjakov als ein gesellschaftliches Ideal für die Zukunft initiieren, in dem die Mitglieder in einer har-

1848
Revolution in Deutschland

monischer Einheit verbunden sind, ähnlich wie in einem Chor: *„Im Gemeinde-Verband* [. . .] *werden die Personen nicht vernichtet, sondern sagen sich lediglich von ihrer Ausschließlichkeit* [. . .] *los, um ein harmonisches Ganzes* [. . .] *zu bilden und die erwünschte Vereinigung* [. .] *aller darzutun. Sie erklingen in der Gemeinde* [. . .] *nicht als Einzelstimmen, sondern als Chor* [. . .]." [40] Diese Form des Zusammenlebens, wenn auch nicht in vollkommener Form, sieht er in der slavischen Geschichte, z. B. vor dem Jahre 862 sowie in den Stadtversammlungen (veče) im Mittelalter und in den Landesversammlungen verwirklicht. Ihm war bewusst, dass noch nicht alle Menschen das Bewusstsein besitzen, um tatsächlich einstimmig als Chor eine Gemeinschaft zu bilden. Aber allein dieses Ziel zu haben, ist beachtenswert, weil die Gemeinschaft auf Basis des sobornost'-Konzeptes eine höhere Lebensform darstellt als der Einzelne allein. Die russischen Bauerngemeinden wurden jedoch ab dem Jahre 1905 allmählich durch die Regierung abgeschafft.

6.5 Zusammenfassung

In der 1. Hälfte des 19. Jahrhunderts wurde die Lehre der Philosophie an russischen Universitäten eingeschränkt und ab dem Jahre 1850 abgeschafft. Außerhalb der Universitäten entwickelte sich die russische Philosophie in Gesprächskreisen weiter. Durch den 1. philosophischen Brief von Čadaeev entbrannte die Frage nach der Rolle Russlands in Europa. Westler und Slavophile versuchten neue Wege für das Land zu finden.

---

1 Vgl. *Lexikon der Geschichte Russlands*, S. 25 f., S.151 und 243 f.
2 Vgl. Schmid, Ulrich: *Russische Religionsphilosophen des 20. Jahrhunderts,* S. 16 f.
3 Vgl. *Lexikon der Geschichte Russlands*, S. 85; vgl. Čiževskij, Dmitrij: *Russland zwischen Ost und West. Russische Geistesgeschichte II*, S. 61 f.
4 Vgl. Čiževskij, Dmitrij: *Russland zwischen Ost und West. Russische Geistesgeschichte II*, S. 62-65; vgl. auch Schmid, Ulrich: *Russische Religionsphilosophen des 20. Jahrhunderts,* S. 17; vgl. Goerdt, Wilhelm: *Um das Ganze in der russischen Philosophie*, S. 13.
5 Vgl. Čiževskij, Dmitrij: *Russland zwischen Ost und West. Russische Geistesgeschichte II*, S. 67; vgl. Zen'kovskij, Vassilij V.: *Russland und Europa*, S. 25; vgl. Wetter, Gustav A.: *Ursprünge und erste Entwicklung der russischen Philosophie*. S. 22. Ausführlicher vgl. Karenovics, Ilja: *Weisheitsfreunde.*
6 Vgl. *Lexikon der Geschichte Russlands*, S. 362; vgl. Riasanovsky, Nikolaj V.: *Russland und der Westen,* S. 35.
7 Vgl. Čiževskij, Dmitrij: *Russland zwischen Ost und West. Russische Geistesgeschichte II*, S. 79 f.; vgl. Levickij, Sergej: *Russisches Denken (Bd. 1),* S. 91-96; vgl. Schmid, Ulrich: *Russische Religionsphilosophen des 20. Jahrhunderts,* S. 10.
8 Vgl. Wetter, Gustav A.: *Ursprünge und erste Entwicklung der russischen Philosophie*. S. 25.
9 Vgl. Zen'kovskij, Vassilij V.: *Russland und Europa*, S. 25 ff.
10 Goerdt, Wilhelm: *Russische Philosophie: Zugänge und Durchblicke*, S. 262-271.

11 Čiževskij, Dmitrij: *Russland zwischen Ost und West. Russische Geistesgeschichte II*, S. 66.
12 Levickij, Sergej: *Russisches Denken* (Bd. 1), S. 58.
13 Vgl. *Lexikon der Geschichte Russlands*, S. 415 f.; vgl. DG VI, S. 162 f.; vgl. N. N.: *Die Geschichte der Slavophilen und der Westler in Russland*, S. 2-4.
14 Kireevskij, Ivan; zit. nach Arseniev, Nikolaj: *Das heilige Moskau*, S. 98.
15 Vgl. *Lexikon der Geschichte Russlands*, S. 348 f.; vgl. Lexikon der russischen Kultur, S. 415-417; vgl. N. N.: *Die Geschichte der Slavophilen und der Westler in Russland*, S. 2-4; vgl. Čiževskij, Dmitirjj: *Russland zwischen Ost und West. Russische Geistesgeschichte II*, S. 66-69; vgl. Zenkovskij, Vasilij: *Russland und Europa*, S. 51-72.
16 Vgl. Dahm, Helmut: *Grundzüge russischen Denkens,* S. 99-103; vgl. Levickij, Sergej: *Russisches Denken* (Bd. 1), S. 68-70; vgl. Riasanovskij, Nikolaj V.: *Russland und der Westen. Die Lehre der Slavophilen*, S. 42-47.
17 Kireevskij, Ivan: *Über den Charakter der Bildung Europas und ihr Verhältnis zur Bildung Russlands*, S. 51 f.
18 Vgl. Čiževskij, Dmitrij: *Russland zwischen Ost und West. Russische Geistesgeschichte II*, S. 70 ff.
19 Vgl. Dahm, Helmut: *Grundzüge russischen Denkens,* S. 102.
20 Kireevskij, Ivan: *Über den Charakter der Bildung Europas und ihr Verhältnis zur Bildung Russlands*, S. 56.
21 Berdjaev, Nikolaj; zit. nach Riasanovsky, Nikolaj V.: *Russland und der Westen*, S. 40.
22 Vgl. Dahm, Helmut: *Grundzüge russischen Denkens,* S. 75-78; vgl. Riasanovskij, Nikolaj V.: *Russland und der Westen. Die Lehre der Slavophilen*, S. 37-42; vgl. Levickij, Sergej: *Russisches Denken* (Bd. 1), S. 60 f.
23 Vgl. *Lexikon der russischen Kultur*, S. 417.
24 Vgl. Winkler, Martin: *Slavische Geisteswelt. Russland*, S. 208; vgl. Čiževskij, Dmitirjj: *Russland zwischen Ost und West. Russische Geistesgeschichte II*, S. 74.
25 Vgl. Chomjakov, Aleksej: *Einige Worte eines rechtgläubigen Christen über die westlichen Glaubensbekenntnisse aus Anlass einer Broschüre von Herrn Laurentie*; zit. nach Goerdt, Wilhelm: *Russische Philosophie. Texte,* S. 170.
26 Vgl. Chomjakov, Aleksej: *Einige Worte eines orthodoxen Christen über die abendländischen Glaubensbekenntnisse*; zit. nach Goerdt, Wilhelm: *Russische Philosophie. Texte*, S. 168 f. und zit. nach Winkler, Martin: *Slavische Geisteswelt. Russland*, S. 211.
27 Chomjakov, Aleksej: *Sendschreiben an die Serben*; zit. nach Goerdt, Wilhelm: *Russische Philosophie. Texte*, S. 176.
28 Chomjakov, Aleksej: *Sendschreiben an die Serben*; zit. nach Goerdt, Wilhelm: *Russische Philosophie. Texte*, S. 176.
29 Vgl. *Lexikon der Geschichte Russlands*, 58-61.
30 Vgl. *Lexikon der russischen Kultur*, S. 418.
31 Vgl. Goerdt, Wilhelm: *Russische Philosophie. Texte*, S. 180; vgl. Riasanovsky, Nikolaj V.: *Russland und der Westen,* S. 51-53.
32 Vgl. Levickij, Sergej: *Russisches Denken*, Bd. 1, S. 79.
33 Aksakov, Konstantin: Leitartikel aus der Zeitschrift „*Das Gerücht*" Nr. 10 vom 14.06.1857; zitiert nach Goerdt, Wilhelm: *Russische Philosophie. Texte*, S. 185.
34 Aksakov, Konstantin: Leitartikel aus der Zeitschrift *Das Gerücht* Nr. 6 vom 17.05.1857; zitiert nach Goerdt, Wilhelm: *Russische Philosophie. Texte*, S. 184.
35 Aksakov, Konstantin: Leitartikel aus der Zeitschrift *Das Gerücht* Nr. 2 vom 19.04.1857; zitiert nach Goerdt, Wilhelm: *Russische Philosophie. Texte*, S. 181.

36 Vgl. Aksakov, Konstantin: *Aus Anlass des siebten Bandes der Geschichte Solo'vëvs*, zit. nach Čiževskij, Dmitirjj / Groh, Dieter (Hrsg.): *Europa und Russland*, S. 461-463.
37 Vgl. *Lexikon der Geschichte Russlands*, S. 317-319: auch benannt mit Reichsversammlungen (russ. zemskij sobor); besser „Moskauer Versammlungen" bis zum Jahr 1684, die sich aus Delegierten aller Stände Russlands zusammensetzten.
38 Vgl. Aksakov, Konstantin: *Über den inneren Zustand Russlands*, zit. nach Winkler, Martin: *Slavische Geisteswelt. Russland*, S. 219-224; vgl. Aksakov, Konstantin: *Zusatz zum Memorandum*; zit. nach Goerdt, Wilhelm: *Russische Philosophie. Texte*, S. 187-191; vgl. Winkler, Martin: *Slavische Geisteswelt. Russland*, S. 217-219.
39 Vgl. *Lexikon der Geschichte Russlands*, S. 58-61.
40 Aksakov, Konstantin: Leitartikel aus der Zeitschrift *Das Gerücht* Nr. 2 vom 19.04.1857; zit. nach Goerdt, Wilhelm: *Russische Philosophie. Texte*, S. 181.

„Gott liebt, wenn seines Geistes Stärke
Als Strom des Lebens rauschend fließt,
Sich uns in Geist und Herz und Werke –
In unser ganzes Sein ergießt."

A. S. Chomjakov 1851

7 Die zweite Hälfte des 19. Jahrhunderts

7.1 Historisches

Im Jahre 1855 wurde **Aleksandr II.** zum Zar von Russland gekrönt. Nach dem verlorenen Krimkrieg (1854-1856) folgten große Reformen. Mit einem Manifest und mit Gesetzen hob der Zar die Leibeigenschaft auf. Durch das Universitätsstatut und die damit verbundene Autonomie der Universitäten konnte wieder ab dem Jahre 1863 Philosophieunterricht stattfinden. Im Anschluss daran reformierte die Regierung die Verwaltung (1864), die Justiz (1864) und das Heer (1874). Die revolutionären „Volkstümler" gingen auf das Land, um die Bauern aufzuklären und aufzuwiegeln. Die Aktion jedoch scheiterte. Die Bauern wollten das Land selbst besitzen, anstatt es den Bauerngemeinden zu überlassen. Nicht im Zaren, sondern im Gutsherrn sahen sie ihren Feind, von dem sie sich befreien wollten. Im Jahre 1881 wurde der Zar von der revolutionären Gruppe „Volkswille" ermordet. Sein Sohn, **Aleksandr III.**, regierte anschließend Russland. Er stellte drei Jahre später die Universitäten wieder unter strenge staatliche Aufsicht. Ende des 19. Jahrhunderts entstanden vielerorts marxistische Zirkel, die von Lenin (1870-1924) und Martov (1873-1923) geführt wurden. Im Jahre 1894 bestieg **Nikolaj II.** den Zarenthron. Vier Jahre später wurde die sozialdemokratische Arbeiterpartei Russlands gegründet, die sich später in Menschevisten (Minderheitler) und Bolschevisten (Mehrheitler) spaltete.[1]

1848-1916
Kaiser Franz-Josef
von Österreich

Die Autoren des russischen Realismus (1840-1880) beschäftigten sich mit dem „fassbaren" Leben, weniger mit idealen Zielen. Gegenstand waren politische, soziale, psychologische, theologische und philosophische Fragen. Grundsätzlich wandten sich deren Vertreter von Gott, vom Absoluten bzw. Geistigen ab, aber die russische Literatur ist dennoch *„die religiöseste Literatur der Moderne"*, wie Deppermann schreibt: *„Dostoevskij und Tolstoj nehmen im interkulturellen Vergleich eine absolute Sonderstellung ein: als ‚russische Propheten' der europäischen Zivilisation."* [2] Die Epoche ging u. a. über in den Symbolismus, bei dem das Geistige wieder mehr im Vordergrund stand. Die Philosophie in Russland entwickelte sich in der 2. Hälfte des 19. Jahrhunderts in verschiedenen Richtungen, aber ihre religiöse Bindung blieb immer erhalten. Als großer Denker dieser Zeit ragte Vladimir Solov'ëv heraus. Auch philosophische Anschauungen, die unter den Begriffen Materialismus, Positivismus und Kantianismus bekannt wurden, etablierten sich.[3]

1852
J. u. W. Grimm
Deutsches Wörterbuch

7.2 Fëdor M. Dostoévskij (1821-1881)

7.2.1 Leben und Werk

Der russische Schriftsteller Fëdor Michajlovič Dostoevskij wurde im Jahre 1821 als Sohn eines Moskauer Arztes geboren. Im Kreise der Familie lernte er verschiedene Werke der Literatur kennen und lieben. Seine Mutter lehrte ihm das Lesen und Schreiben mit Hilfe des *Neuen Testament*. Die Schulzeit absolvierte er zusammen mit seinem Bruder Michael auf einer Privatschule. Als Fëdor 15 Jahre alt war, starb seine Mutter an Tuberkulose und zwei Jahre später sein Vater aus nicht ganz geklärten Umständen. Im Jahre 1838 besuchte er die Ingenieurschule der Militärakademie in St. Petersburg, die er mit 22 Jahren verließ und eine Anstellung als Technischer Zeichner im Kriegsministerium annahm. Als Dostoevskij, im Rang eines Leutnants (porutschik), in die Provinz versetzt werden sollte, kündigte er im Jahre 1844 die Stelle, um – wie Müller schreibt – *„ganz **für** die, aber auch ganz **von** der Literatur zu leben"*. [4] Vertrauend in seine Fähigkeiten konzentrierte sich Fëdor auf das Schreiben. Mit seinem ersten Roman *Arme Leute* (russ.: Бедные люди 1846) wurde er bekannt und etablierte sich auf diese Weise als Schriftsteller.[5]

1852
A. Rubinstein
Dmitrij Donskoj (Oper)

Dostoevskij engagierte sich aber auch in utopisch-sozialistischen Kreisen (Petraševskij) und wurde infolgedessen im Jahre 1849 verhaftet und zum Tode verurteilt. Auf dem Richtplatz erst kurz vor der Hinrichtung erfuhr er von der Begnadigung durch den Zaren. Am selben Tag schrieb er tief bewegt an seinen Bruder: *„Bruder! Ich bin nicht verzagt* [. . .] *Das Leben ist überall Leben, das Leben ist in uns selbst, und nicht im Äußeren. Neben mir werden Menschen sein, und Mensch unter Menschen zu sein und es immer zu bleiben und in keinem Unglück zu verzagen* [. . .]" *„Jetzt, indem ich mein Leben ändere, werde ich umgeboren zu einer neuen Form. Bruder! Ich schwöre Dir, daß ich die Hoffnung nicht verliere und meinen Geist und mein Herz rein bewahren werde."* [6]

Per Erlass wurde die Todesstrafe in vier Jahre schwere Zwangsarbeit und zusätzlich in vier Jahre einfachen Militärdienst in Sibirien umgewandelt. Zusammen mit gemeinen Verbrechern verbrachte Fëdor, eiserne Ketten an den Beinen tragend und ständig bewacht, vier Jahre im Omsker Zuchthaus.[7] Auf dem Weg dorthin schenkte ihm Natál'ja Dimítrievna Fonvízin ein Neues Testament, die einzige und für ihn bedeutende Lektüre während dieser Zeit.[8] Dostoevskij schrieb in einem Brief im Jahre 1854 an sie: *„Ich sage Ihnen von mir, daß ich ein Kind des Jahrhunderts bin, ein Kind des Unglaubens und des Zweifels* [. . .] *Und doch sendet Gott mir manchmal Augenblicke, in denen ich völlig ruhig bin. In diesen Augenblicken liebe ich und finde, daß ich von anderen geliebt werde, und in solchen Augenblicken habe ich mir ein Glaubensbekenntnis aufgestellt, in dem für mich alles klar und heilig ist. Dieses Glaubensbekenntnis ist sehr einfach, hier ist: Glauben, daß es nichts Schöneres,*

1854-1856
Krimkrieg

Tieferes, Sympathischeres, Vernünftigeres, Mannhafteres und Vollkommeneres gibt als Christus." [9]

1860/61
Einigung Italiens

Während des Militärdienstes als einfacher Soldat in Semipalatinsk begann er wieder zu schreiben, heiratete im Jahre 1857 Maria Dmitrievna Issaev, die sieben Jahre später an Tuberkulose starb. Dostoevskij kehrte im Jahre 1859 nach St. Petersburg zurück und veröffentlichte seinen Roman *Aufzeichnungen aus dem Totenhaus* (russ.: Записки из Мёртвого дома 1860/1862), in dem er Erfahrungen aus der Haft und Verbannung in Sibirien verarbeitete. Im Jahre 1866 erschien ein weiterer Roman *Schuld und Sühne* (russ.: Преступление и наказание). Kurz darauf vermählte er sich mit seiner 25 Jahre jüngeren Sekretärin Anna G. Snitkina, mit der er zusammen den kurzen Roman *Der Spieler* (russ.: Игрок 1866) in nur knapp einem Monat fertig stellte. Der an Epilepsie und Spielsucht leidende Dostoevskij geriet in große finanzielle Nöte und floh vor seinen Gläubigern ins europäische Ausland. Mit Hilfe seiner Frau stabilisierten sich langsam die finanziellen Verhältnisse. Im Jahre 1871 kehrte er nach Russland zurück und veröffentlichte seinen Roman *Böse Geister* (russ.: Бесы).

Abb. 22: Fёdor M. Dostoevskij im Jahre 1879
Quelle: Wikimedia Commons

In den letzten 8 Jahren seines Lebens verband ihn tiefe Freundschaft mit dem jungen Philosophen Vladímir S. Solov'ёv (1851-1900), der ihn nach dem Tod von Dostoevskijs dreijährigem Sohn in das Optina-Kloster bei Koselsk begleitete. Dostoevskij suchte dort bei einem Starec geistigen Beistand, konnte aber aufgrund seines gesundheitlichen Zustandes nicht allein reisen und seine Frau durfte nicht in das Männer-Kloster mit. In seinem letzten großen Roman *Die Brüder Karamasov* (russ.: Братья Карамазовы 1880) fließen sämtliche Lebenskonzepte, Menschenentwürfe und Ideen aus seinem bisherigen Schaffen ein. Wiederum spielen die Fragen nach der Existenz Gottes und dem Sinn des Lebens eine bedeutende Rolle. In der berühmten Rede zur Einweihung des Puškin-Denkmals im Jahre 1880 ehrte Dostoevskij zum einen den russischen Schriftsteller und Dichter Aleksandr Puškin (1799-1837) und zum anderen zeigt er in einer kühnen Schau die zukünftige Rolle Russlands auf. In den letzten Lebensjahren erlangte Dostoevskij finanzielle Stabilität und breite Anerkennung. Kurz vor seinem Tod am 9. Februar 1881 sagte er zu seiner Frau: *„Hast du verstanden? Halte mich nicht zurück! Meine Zeit ist gekommen, ich muss sterben!"* [10] Bis heute sind seine Werke in Russland und im Ausland Gegenstand von zahlreichen Interpretationen, die – wie Zenkovskij schreibt – noch nicht abgeschlossen scheinen.[11]

7.2.2 Philosophie

Dostoevskij war spätestens nach seiner Zwangsarbeit in Sibirien fest davon überzeugt, dass Gott existiert. Er schreibt: *„Schon allein, daß ich weiß, es gibt ein höheres Wesen, als ich es bin, versöhnt mich mit dem Leben und bewahrt mich davor, der Verzweiflung anheimzufallen."* [12] Er hat erfahren, dass Gott ist. Auch in dem Brief an Frau Fonvízin kommt dies, wie im Kap. 7.2.1 beschrieben, zum Ausdruck. In seinen Werken thematisiert Dostoevskij die Frage nach der Existenz Gottes, wie z. B. in seinen großen Romanen *Böse Geister*, *Schuld und Sühne* sowie *Die Brüder Karamasov.* Er zeigt hier die Gefahr auf, dass, wenn sich ein Mensch bewusst von seinem göttlichen Anfang abwendet, er entarten kann, sogar Verbrechen ausführen wird, weil er meint, dass es eine höhere richtende Instanz nicht gibt. So wurden die Hauptfiguren Stavrogin (*Böse Geister*) und Raskol'nikov (*Schuld und Sühne*) aus niederen Beweggründen zu Mördern.[13] Entgegen- gesetzte Beispiele sind die Figuren des Starec Zosima und Alëša aus dem Roman *Die Brüder Karamasov* sowie Sonja aus dem Roman *Schuld und Sühne*, für die die Existenz Gottes nicht zu bezweifeln ist.

1861
Bachofen
Das Mutterrecht

Dostoevskij hat Gott als Liebe erfahren, wie er in dem Brief an Frau Fonvízin mitteilt (vgl. Kapitel 7.2.1). Sein Freund Solov'ëv schlussfolgert: *„Nachdem er in seiner Seele die göttliche Kraft, die durch jede menschliche Schwäche hindurchdringt, erfahren hatte, gelangte Dostoevskij zu der Erkenntnis Gottes und des Gottmenschen. Die Wirklichkeit Gottes und Christi offenbarte sich ihm in der inneren Kraft der Liebe und des Allverzeihens, und eben diese allverzeihende, gnadenhafte Kraft verkündete er als Grundlage auch für die äußere Verwirklichung jenes Reiches der Wahrheit und Gerechtigkeit auf Erden, nach dem er dürstete und zu dem er sein Leben lang strebte."* [14] Dostoevskijs Liebe zu Gott scheint wichtiger zu sein, als das Aufzeigen von tragischen Schicksalen.

Für Dostoevskij ist der Mensch ein **Ebenbild Gottes**, wie in der Genesis (Gen 1, 27) beschrieben: *„Da schuf Gott Adam, die Menschen, als göttliches Bild, als Bild Gottes wurden sie geschaffen, männlich und weiblich hat er, hat sie, hat Gott sie Geschaffen."* Sein Freund Solov'ëv äußert dazu: „[. . .] *geglaubt hat er, daß wir alle göttlichen Geschlechts sind."* [15] Als großes Vorbild, was Mensch-Sein ist, sah Dostoevskij Jesus an. In ihm erkannte er den Gottmenschen, der sein Potential im höchsten Maße entfaltet hat. Seine Worte über Jesus bringen das zum Ausdruck, wenn er sagt: *„Glauben, daß es nichts Schöneres, Tieferes, Sympathischeres, Vernünftigeres, Mannhafteres und Vollkommeneres gibt als Christus."* [16] Im Gegensatz dazu sind seine Romanhelden oftmals dem Vorbild kaum ähnlich.

Solov'ëv stellt hierzu fest: „*er ist überzeugt, daß die menschliche Seele ein Teil der Göttlichen Seele ist und daß sie darum aus jeder Niedrigkeit, aus jeder Abscheulichkeit wiedergeboren werden kann. Viele haben Dostoevskij dafür getadelt: Warum beharrt er auf der dunklen Seite der Seele und des Lebens, warum nimmt er unnormale, sittlich kranke, ausschließlich lasterhafte Menschen; und man hat gemeint, er wolle behaupten, der Mensch müsse notwendig durch all diese Abscheulichkeit hindurchgehen, um sittliche Höhe zu erreichen. Das ist nicht richtig.*" [17] Ähnlich sieht es Arthur Luther, indem er schreibt, dass Dostoevskij seine Leser „quälen" würde, aber andererseits „im verworfensten Geschöpf" noch den „göttlichen Funken" entdeckt.[18]

1866
Balakirev-Kreis erhält die Bezeichnung „Mächtiges Häuflein":
M. Balakirev (1837-1910): Komponist, Dirigent, Pianist
A. Borodin (1833-1887): Komponist, Chemiker, Mediziner
Z. Kjui (1835-1918, auch: C. Cui): Komponist, Musikkritiker, Offizier
M. Musorgskij (1839-1881): Komponist, Beamter
N. Rimskij-Korsakov (1844-1908): Komponist, Dirigent, Musikpädagoge

Es könnte daran liegen, dass Dostoevskij auch biographische Erlebnisse verarbeitet hat. Er lebte vier Jahre mit Mördern und Verbrechern in Sibirien im Zuchthaus zusammen. Dennoch sieht er in solchen Existenzen nicht alles verloren. Vielleicht aufgrund seiner Liebe zu Gott und seinem Verständnis vom Mensch-Sein? Er hat in Abgründe der menschlichen Existenz geschaut. Für ihn gibt es dennoch Hoffnung, dass selbst Mördern verziehen werden kann, wie z. B. Sonja dem Raskol'nikov verziehen hat oder wie Gott den Menschen durch Gnade verzeiht.

Dieses **Verzeihen** kommt durch Liebe zum Ausdruck. Im Roman *Schuld und Sühne* verzeiht die Prostituierte Sonja dem Studenten Raskolnikov und steht zu ihm, obwohl er ihr gestanden hat, zwei Menschen getötet zu haben. Sie bleibt bei ihm und kümmert sich um ihn als er Zwangsarbeit in Sibirien ableisten muss. Am Ende des Romans erfährt der Mörder einen Wandel, ausgelöst durch die Worte aus dem Johannesevangelium zur Aufweckung des Lazarus (Joh 11), die ihm vor längerer Zeit Sonja vorgelesen hatte: „[. . .] *Jesus sagte ihr: „Ich bin die Auferstehung und das Leben; Alle, die an mich glauben, werden leben, auch wenn sie sterben; und all, die leben und an mich glauben, werden bis in die Ewigkeit nicht sterben* [. . .]" Etwas später, nachdem Jesus gebetet hatte: „[. . .] *rief er mit lauter Stimme: ‚Lazarus, komm heraus!' Es kam der Gestorbene heraus* [. . .]" Oder wandelte sich Dostoevskijs Titelheld Raskolnikov durch die Liebe, die ihm Sonja gab? Oder wurde er durch göttliche Gnade von einer Last, einer Schuld befreit? Oder hat er anders göttliche Gnade erfahren? Oder geschah alles zusammen? Er wendet sich hin zu Gott, öffnet sich für die Liebe und ein neues Leben kann für ihn beginnen.

Im Roman *Die Brüder Karamasov* beschreibt Dostoevskij Jesus als Vorbild für einen verzeihenden Menschen. In der *Legende vom Großinquisitor* erscheint Jesus im mittelalterlichen Spanien, aber wird vom Großinquisitor eingesperrt und in einem Monolog angeklagt. Jesus schweigt, erwidert nichts, geht auf den Großinquisitor zu, küsst ihn auf die greisen Lippen und verlässt den Kerker. Die Szene enthält zumindest die Lehre: Die Menschen neigen zum Beschuldigen. Sie sehen beim Anderen die Schuld und das Versagen. Dostoevskij erinnert mit der Geschichte an das Verzeihen, durch das die Menschen in Frieden und Brüderlichkeit zusammenleben können.

Im Jahre 1878 schreibt Dostoevskij zur **Unsterblichkeit** des Menschen an N. P. Peterson: *„Wenigstens ich und Solowjow glauben an die reale, buchstäbliche, persönliche Auferstehung ebenso wie daran, daß sie auf Erden eintreten wird."* [19] Für ihn stellt die Unsterblichkeit des Menschen eine zentrale Idee dar, die er in seinen Werken thematisiert. Dostoevskij kommt zu dem Schluss: *„Nur mit dem Glauben an seine Unsterblichkeit erfaßt der Mensch den ganzen vernünftigen Zweck seines Erdendaseins.* [. . .] *Mit einem Wort, die Idee der Unsterblichkeit ist das Leben selbst, das lebendige Leben, seine endgültige Formel und die Hauptquelle der Wahrheit* [. . .] *für die Menschheit."* [20] In seinem Roman *Die Brüder Karamasov* erscheint der Starec Zosima nach seinem physischen Tode seinem Schüler Alëša, der einen „guten" Menschen in dem Roman verkörpert. Alëša war von der Begegnung mit seinem Starec tief beeindruckt: *„Jemand hat meine Seele in diesem Augenblick aufgesucht."* [21] Wolfgang Kasack analysiert den Passus sehr treffend: *„Dostoewski macht hier deutlich, daß es außer dem Tod verschiedene Formen der Begegnung mit der jenseitigen Welt gibt – Vision, geistiges Hören und innere Schau. Christus hat Aljoschas Seele in jener Stunde besucht, und da so etwas ein Mysterium ist, läßt Dostoewski das Geheimnis gewahrt. Überaus selten ist die Gnade solcher Erscheinungen, aber es gibt keinen Zweifel an ihrer Wahrheit – bezeugt in den Literaturen der Welt, auch der russischen, und durch persönliche Berichte."* [22]

1867
K. Marx
Das Kapital Bd. 1

Zur Rolle der **Frau** schreibt Dostoevskij: *„Der ganze Fehler der ‚Frauenfrage' besteht darin, daß man Unteilbares trennt, Mann und Weib einzeln betrachtet, während sie doch ein einziger geschlossener Organismus sind. (‚Und er schuf sie, Mann und Weib . . .') Ja, sogar mit den Kindern, mit den Nachfahren und Vorfahren und mit der ganzen Menschheit ist der Mensch ein einziger unteilbarer Organismus. Die Gesetze aber teilen und lösen alles womöglich in die Urbestandteile auf* [. . .]*"* [23] Das Zitat zeugt von Dostoevskijs weitem Bewusstsein, was der Mensch auf höheren bzw. geistigen Ebenen darstellt. Hier kommt ein Einheitsgedanke zum Ausdruck, weil er alle Menschen als eine Ganzheit sieht. Dostoevskij erahnt die enorme Bedeutung der weiblichen Rolle und schreibt im *Tagebuch eines Schriftstellers*: *„Die Aufgabe der wichtigsten und heilsamsten Erneuerung der russischen Gesellschaft wird aber zweifellos der russischen Frau zufallen."* [24] Ähnlich denkt auch der spanische Schriftsteller und Philosoph José Ortega y Gasset (1883-1955), der in dem Nachwort *Vom Einfluss der Frau auf die Geschichte* zu dem Buch *Von Francesca zu Beatrice* von Victoria Ocampo auf die besondere Rolle der Frau hinweist: *„Dagegen bedeutet jede höhere Stufe weiblicher Vollkommenheit einen Fortschritt des Lebens schlechthin und gleichsam den Keim eines neuen Menschentums."* [25] *„*[. . .] *die Herzen der Männer werden in neuem Takte zu schlagen beginnen, unerhörte Ideen werden in den Köpfen aufkeimen, neue Bestrebungen,*

Pläne, Unternehmungen werden den Boden des Lebens durchpflügen, das gesamte Dasein wird von einem neuen, emporstrebenden Rhythmus beschwingt sein, und in dem glücklichen Lande, darin ein solches Frauentum in Erscheinung tritt, wird ein neuer Frühling der Geschichte, eine ‚vita nuova' sieghaft-unwiderstehlichen Einzug halten." [26]

Dostoevskij hielt seine berühmte **Puškin-Rede** im Jahre 1880 vor der Versammlung der Freunde der russischen Literatur in Moskau. Er hebt einerseits die Bedeutung Aleksandr Puškin als Vorbild für einen „Allmenschen" hervor. Zum anderen weist er auf eine Berufung des russischen Volkes in einer visionären Zukunft hin. Dostoevskij greift den Anlass auf, um die Menschen aufzurufen, das Mensch-Sein zu leben. Er sieht Russland als einen Teil Europas an. Der Streit um die Entwicklung Russlands zwischen Slavophilen und Westlern, war aus seiner Sicht historisch notwendig, aber gehöre der Vergangenheit an. Er appelliert an die Menschen, sich zu versöhnen, weil: *„Ein wirklicher Russe, ganz Russe sein, heißt vielleicht nur* [. . .] *ein Bruder aller Menschen sein, ein Allmensch, wenn man so will. Unser ganzes Slawophilentum und Westlertum ist nur ein großes, wenn auch historisch notwendiges Mißverständnis. Dem echten Russen ist Europa* [. . .] *ebenso teuer wie Rußland selbst, wie das Los der heimatlichen Erde, denn unser Los ist die Allweltlichkeit, und zwar keine mit dem Schwerte erkämpfte, sondern eine durch die Kraft der Brüderlichkeit und des brüderlichen Strebens nach einer Vereinigung der Menschen erworbene."* [27]

1867
Russland verkauft Alaska an USA

Dostoevskij sieht Russland – wegen der außerordentlichen Fähigkeit, Brüderlichkeit zu leben – dazu berufen, in Europa ein leuchtendes Beispiel zu sein. Zwar könnten das grundsätzlich alle Menschen, aber Dostoevskij meint, dass russische Menschen es wohl eher umsetzen würden. Liegt das vielleicht an ihrer Nähe zu Gott? So sieht Dostoevskij die Russen dazu bestimmt, das neue Wort für Europa zu sprechen: *„In der Zukunft* [. . .] *werden* [. . .] *die zukünftigen russischen Menschen alle ohne Ausnahme begreifen, daß echter Russe sein nichts anderes bedeutet als: danach streben, die europäischen Widersprüche endgültig zu versöhnen, der europäischen Sehnsucht den Ausweg in der russischen allmenschlichen und allvereinenden Seele zu zeigen, in sie mit brüderlichen Liebe alle unsere Brüder aufzunehmen und schließlich und endlich vielleicht auch das endgültige Wort der großen allgemeinen Harmonie auszusprechen, der brüderlichen endgültigen Einigung aller Völker nach dem Gesetze Christi und des Evangeliums!"* [28]

Dostoevskij ruft die Menschen auf, Brüderlichkeit zu leben. Wer tut es? Mit welcher Einstellung? Lebt Brüderlichkeit! Leben es die Russen heute? Leben es Deutsche? Ist es ein utopisches Ideal? Fern ab der Individualisierung? Fern ab der Egoismen des „modernen" Menschen des 21. Jahrhunderts? Fern ab der Spaßgesellschaft? Oder kommt diese Fähigkeit des Menschen, der dieses Ideal im Herzen eingeprägt hat, nur in extremen Situationen zum Vorschein? Muss der Mensch Leid erfahren, um Brüderlichkeit zu leben? Muss das Chaos erst kommen: Naturkatastrophen, Seuchen, Erdbeben, Terrorakte, um Menschen an ihr Mensch-Sein zu erinnern? Ist es unmöglich, die Worte umzusetzen? Wegen Leistungsdruck, finanzieller Nöte, Absicherung, Geldgier oder Machthunger?

Sein Freund Solov'ëv berichtet: *„In einem Gespräch hat Dostojewskij die Vision Johannes des Theologen von dem Weib, das mit der Sonne bekleidet ist und im Begriff ist, [. . .] einen Sohn zu gebären, auf Rußland bezogen: Das Weib ist Rußland, und das von ihr geboren wird, ist jenes neue Wort, das Rußland der Welt zu sagen hat. Mag diese Deutung „des großen Zeichens" richtig oder falsch sein, aber das neue Wort Rußlands hat Dostojewskij richtig vorausgeahnt: Es ist das Wort der Versöhnung für den Osten und den Westen im Bund der ewigen göttlichen Wahrheit und der menschlichen Freiheit. Dies ist die höchste Aufgabe und Verpflichtung Russlands, und dies ist das „gesellschaftliche Ideal" Dostojewskijs. Seine Grundlage ist die sittliche Wiedergeburt und die geistige Tat schon nicht mehr eines einzelnen, alleinstehenden Menschen, sondern der ganzen Gesellschaft und des ganzen Volkes."* [29]

1867
Borodin
Die Recken (Oper)

Worin liegt Dostoevskijs Bedeutung? Die Worte Dostoevskijs faszinieren die Menschen noch heute. Sein Genius als Schriftsteller ist unbestritten groß. Von philosophischer Seite betrachtet, sieht ihn Solov'ëv als geistigen Führer. Das trifft mindestens zu auf seinen Aufruf zur Brüderlichkeit und zum Verzeihen. Auch Jesus als Vorbild kann Menschen erinnern, wer sie sind und das Menschsein zu leben, denn er sagte: *„Ich bin die Wahrheit und das Leben."* (Joh 14, 6) Die Bedeutung für die Zukunft liegt darin, dass Gemeinschaften in Europa leben werden. Dostoevskijs Vision von Russland ist kraftvoll. Woran scheitert es? Was hindert? Dostoevskij hat eine Vision verkündet, umsetzen müssen es die Menschen. Heute leben die Menschen anders als zurzeit von Dostoevskij, aber seine Vision scheint in ferner oder naher Zeit möglich, die Vision vom Leben der Menschen in brüderlicher Liebe vereint mit Anbindung an den Anfang und schöpferische Kraft entfaltend.

7.3 Lev N. Tolstój (1828-1910)

7.3.1 Leben und Werk

Der russische Schriftsteller Graf Lev N. Tolstoj wurde im Jahre 1828 in Jasnaja Poljana bei Tula geboren. Seine adeligen Eltern besaßen dort ein großes Landgut mit 1600 Hektar Boden und über 330 Leibeigenen. Lev verlor seine Mutter Maria bereits im Alter von zwei Jahren und seinen Vater Graf Nikolaevič I. Tolstoj sieben Jahre später. Daraufhin erzog seine Tante Tatjana A. Jergolskaja den Jungen und seine Geschwister und ließ sie von Hauslehrern unterrichteten. Das Studium der Orientalistik und Rechtswissenschaften an der Universität in Kazan' brach Tolstoj jeweils ohne Abschluss ab, aber er bildete sich sein Leben lang als Autodidakt auf Gebieten, die ihn interessierten. Ab dem Jahre 1847 schrieb er bis zu seinem Tod akribisch Tagebuch, in das er äußere und innere Ereignisse festhielt und sie reflektierte. Sein Ziel war es, Schriftsteller zu werden.

Anfang der 1850er Jahre diente Tolstoj im Kaukasus beim Militär, kämpfte später als Offizier an der Donau und während des Krieges auf der Krim. Seine Erfahrungen aus dieser Zeit verarbeitete er z. B. in den *Sevastopoler Erzählungen* (1855). Die Jugendtriologie *Kindheit*, *Knabenalter* und *Jugend* veröffentlichte Tolstoj in den Jahren 1852, 1854 und 1857. Die Autobiographie in Form eines Romans war zu dieser Zeit außergewöhnlich, da sie von einem jungen Mann geschrieben wurde. Nach dem Austritt aus der Armee reiste er im Jahre 1857 erstmals über Polen nach Deutschland, Frankreich, in die Schweiz und Norditalien. Da ihn wieder die Pädagogik interessierte, gründete Tolstoj im Jahre 1859 erneut eine Dorfschule in Jasnaja Poljana.[30] In dieser unterrichtete er mit ehemaligen Studenten Bauernkinder nach freiheitlichen Gesichtspunkten in Anlehnung an Rousseaus Erziehungsroman *Émile*. Dies geschah in einer Zeit, in der in anderen Schulen Drill und Dressur herrschte. Städtke analysiert hierzu: *„Seiner Weltsicht liegt die Idee des natürlichen Ursprung aller Dinge zugrunde: ‚Der Mensch kommt als vollkommenes Wesen auf die Welt, lautet ein großes, von Rousseau ausgesprochenes Wort, und dieses Wort ist unerschütterlich wie ein Fels und bleibt immer wahr. Der neugeborene Mensch stellt das Urbild der Harmonie des Wahren, Guten und Schönen dar.' Je mehr der Mensch sich vom Ursprung entfernt, desto größer die Gefahr, dass die Harmonie zerstört wird."* [31] Auch Gabriela Wolf stellt zur Pädagogik Rousseaus fest, dass Erziehung heißt:

1869
Eröffnung des Suez-Kanals

- Das Selbstentfaltungsspiel der Natur (Gott) zulassen
- Das individuelle Wesen des Kindes zulassen
- Verzicht auf Indoktrination[32]

Auf dieser Grundlage entwickelte Tolstoj seine Pädagogik, das innere Gesetz der Liebe und die Würde der Kinder beachtend. Er verzichtete in seinen Schulen auf Zwang, Strafen, feste Stundenpläne und Zensuren, appellierte aber an die freie Selbstverantwortung der Kinder.[33]

Während seiner zweiten Reise nach Westeuropa besichtigte Tolstoj Schulen, Waisenhäuser und Kindergärten in Deutschland, Frankreich und England, studierte pädagogische Ansätze und nahm Kontakt zu Lehrern, Erziehern, Künstlern und Schriftstellern auf, kehrte aber enttäuscht zurück. Im Jahre 1862 observierte ihn die geheime Polizei und durchsuchte während seiner Abwesenheit wegen eines Kontaktes mit dem russischen Philosophen und Schriftsteller Aleksandr Gerzen erfolglos sein Haus. Ende des Jahres gab Tolstoj die Dorfschule auf, schrieb aber später für Kinder Schulbücher, die in hoher Auflagenzahl verkauft wurden. Mit seiner Fibel *Alphabet* (1874) lernten mehrere Generationen das Lesen in Russland. Auch seine *Russischen Lesebücher* (1874) wurden als Unterrichtsmaterial zugelassen.

Tolstoj heiratete im Jahre 1862 die 18-jährige Sof'ja A. Bers, eine deutschstämmige Arzttochter aus Moskau, mit der er 13 Kinder zeugte, von denen aber nur 8 das Erwachsenenalter erreichten. Die Familie lebte auf dem Landgut in Jasnaja Pojana. Seine Frau unterstützte ihn beim Schreiben. Es entstanden die berühmten großen Romane *Krieg und Frieden* (1865) und *Anna Karenina* (1877).

1870/71
Deutsch-französischer Krieg

Ab Ende der 1870er Jahre durchlebte Tolstoj eine Phase des Umbruchs, in der er sein bisheriges Schaffen kritisch hinterfragte und sich davon abwendete. Zwar schrieb er noch einige literarische Werke, aber er fokussierte sich eher auf theologische, sozial-ethische und didaktische Schriften. Im Vergleich zu seinen großen Romanen sind diese weniger bekannt. Zu ihnen gehören zum Beispiel:

- *Kurze Darstellung des Evangeliums (1880)*
- *Die Beichte* (1882)
- *Was sollen wir denn tun?* (1885)
- *Worin besteht mein Glaube?* (1885, veröffentlicht in Russland 1906)
- *Vom Leben (1887)*
- *Das Reich Gottes ist inwendig in euch* (1894)

Zu den literarischen Werken, die Tolstoj in seinen letzten Lebensjahren geschrieben hat, gehören u. a. die Erzählung *Der Tod des Ivan Il'ičš* (1886), das Drama *Die Macht der Finsternis (1886),* die Komödie *Früchte der Bildung* (1891) und die Romane *Die Kreuzersonate* (1891) und *Auferstehung* (1899).

Abb. 23: Lev N. Tolstoj von Il'ja E. Repin (1887)
Quelle: Wikimedia Commons

In der Erzählung *Der Tod des Ivan Il'ičš* erkrankt ein hoher, erfolgreicher Justizbeamter im jungen Alter und stirbt kurze Zeit später. Tolstoj beschreibt, wie die Menschen im Umfeld von Ivan den Tod erleben. Nur sein kleiner Sohn und ein Diener empfinden wahre Anteilnahme, ansonsten wittern seine Kollegen durch seinen Tod neue Aufstiegsmöglichkeiten und sorgen sich um ihre Skatrunde, da jetzt ja ein Spieler fehlt. Tolstoj zeichnet ein trauriges Bild im Umgang mit sterbenden Menschen. Ivan selbst überwindet im Todesprozess seine Angst vor dem Tod und erfährt den Übergang in eine andere Seinsform. Am Ende des Tunnels ist Licht: *„'Und der Tod? Wo ist er?' Und er suchte nach seiner früheren, so gewohnten Todesangst und konnte sie nicht finden. Wo war sie? Und was denn für ein Tod? Es war keine Angst da, weil auch kein Tod mehr da war. An Stelle des Todes war ein Licht da. „So ist das also!" sagte er plötzlich laut. „Welch eine Freude!" Für ihn geschah das alles in einem Augenblick,* *und die Bedeutung dieses Augenblickes wurde nicht mehr anders. Für die Anwesenden freilich dauerte der Todeskampf noch zwei Stunden.* [. . .]" [34]

Tolstoj übersetzte die vier Evangelien neu in die russische Sprache und analysierte die Bergpredigt (Mt Kapitel 5 bis 7) durch genaues Lesen und Reflektieren. Er geriet in Konflikt mit Staat und Kirche. Ab dem Jahre 1882 wurde er geheim polizeilich überwacht, aber aufgrund seines Ruhmes nicht verhaftet. Tolstoj vertrat – auch nach außen hin – die Auffassung, dass Staat und Kirche entgegen der ursprünglichen Lehre Christi handeln würden. Im Jahre 1901 schloss ihn die Russische Orthodoxe Kirche aus, weil er sich von ihr entfernt hätte. Tolstoj erwiderte kurz darauf: „[. . .] *Gott den Geist hingegen, Gott die Liebe, den einen Gott, welcher der Beginn von allem ist, leugne ich keineswegs, sondern erkenne ganz im Gegenteil außer Gott nichts wirklich Existierendes an und sehe den ganzen Sinn des Lebens nur in der Erfüllung des Willens Gottes, wie er in der christlichen Lehre dargelegt ist.* [. . .]" [35] Im November 1910 verlässt er heimlich – wegen permanenten familiären Streitereien (auch um sein Testament) – sein Landgut und stirbt unterwegs auf dem Bahnhof in Astapovo an einer Lungenentzündung.[36]

1873
Tolstoj *Anna Karenina*

Tolstojs gesammelte Werke wurden u. a. in 90 Bänden in russischer Sprache und in 20 bzw. 30 Bänden in deutscher Sprache veröffentlicht. Ausführliche Beschreibungen der Inhalte seiner bedeutendsten Werke befinden sich z. B. in *Kindlers neues Literaturlexikon*. Über Tolstoj selbst und sein Schaffen ist sehr viel geschrieben worden. Ich greife nur einige wenige Aspekte heraus.

7.3.2 Philosophie

Zwar schreibt Goerdt, dass Tolstoj kein Philosoph im engeren Sinne sei[37], aber wenn Philosophie im weiteren Sinne als Liebe zur Weisheit wie bei Johannes Damaskus verstanden wird (vgl. Kap. 2.5), dann ist Tolstoj hier einzuordnen. Er beschäftigte sich u. a. mit Jean-Jacques Rousseau (1712-1778), Immanuel Kant (1724-1804), Arthur Schopenhauer (1788-1860) und Laotse (652-589 v.d. Zt.). Tolstoj maßregelte sich selbst. Als Richtschnur für das eigene Verhalten dienten ihm die Bergpredigt mit den Geboten: nicht zu töten; nicht Ehe zu brechen; nicht zu schwören; nicht zu rächen, sondern zu verzeihen und die Feinde nicht zu hassen, sondern zu lieben.[38] Außerdem propagierte er ein einfaches Leben zu führen und sich *„von eigener Hände Arbeit"* zu ernähren.[39]

Der junge Tolstoj sah die Rolle der **Frau** an der Seite ihres Mannes eher als Mutter. So schreibt er am 23.11.1856 an Valeria Arsenjeva: *„Abgesehen von der Tatsache, dass es die Bestimmung der Frau ist, Ehegattin zu werden, besteht ihre größte Bestimmung darin, Mutter zu sein. Und um Mutter und nicht nur Gebärerin zu sein (verstehen Sie diesen Unterschied?), ist Entwicklung nötig."* [40]

Und dieses Ideal lebt in seinen ersten beiden großen Romanen. *Krieg und Frieden* handelt von mehreren adeligen Familien am Anfang des 19. Jahrhunderts (1805-1820) als Napoleons Armee in Russland einmarschierte. Der Umfang dieses historischen und familiären Romans ist gewaltig: in 350 Kapiteln spielen rund 250 historische und fiktive Personen mit.[41] Die eine von zwei Hauptpersonen Pierre Besuchov, der den Sinn des Lebens sucht, findet letztendlich in Nataša eine Frau, die in ihrer Rolle als Frau und Mutter aufgeht: *„Der Gegenstand, in den sich Natascha vollständig versenkte, war die Familie.* [. . .] *Natascha mußte einen Mann haben. Sie bekam einen Mann. Und der Mann schenkte ihr eine Familie. Sie hatte kein Bedürfnis, einen zweiten, besseren Mann zu besitzen, ja, sie konnte sich einen solchen Fall gar nicht vorstellen, da alle ihre Kräfte darauf gerichtet waren, ihrem Mann und ihrer Familie zu dienen."* [42] Pierre konnte sich mit Nataša über geistige Themen nicht unterhalten. Sie interessierte dies nicht und sie fand keinen Zugang in seine Welt.[43]

1873
Nietzsche
Unzeitgemäße Betrachtungen

In dem Gesellschaftsroman *Anna Karenina* lebt die verheiratete Titelheldin Anna mit ihrem äußerlich attraktiven, aber eher charakterschwachen Liebhaber Graf Vronskij in wilder Ehe zusammen. Anna scheitert an ihren Emotionen, wie Eifersucht, Verlustängsten, Hass und Selbstmordgedanken, und wirft sich vor einen Zug, um ihr Leben zu beenden. Im Gegensatz dazu wählt der positive Held Lëvin die Lebensform „Ehe und Familie auf dem Land" mit Kitty. Zwar findet Lëvin, der auf der Suche nach dem Sinn des Lebens ist, keine gleichberechtigte geistige Weggefährtin in Kitty, aber sie geht – wie Nataša – in ihrer Rolle als Frau und Mutter an seiner Seite auf. Tolstojs Ideal von „Ehe und Familie" kam in diesem Werk letztmalig als optimale Lösung für seine Helden vor.[44]

Durch die eigene Lebenssituation, die von ständigen Streitereien mit seiner Frau geprägt war, sah Tolstoj die Ehe im Laufe seines Lebens eher kritisch. Und er träumte davon, seine vielköpfige Familie zu verlassen und als Einsiedler zu leben. Spätere Werke behandeln Themen wie Mord aus Eifersucht, innere Auferstehung anstatt Ehe, Sexualität versus Enthaltsamkeit und die Frau als (böse) Verführerin.[45]

In seinem Tagebuch am 12.06.1851 berichtet Tolstoj von einer sehr mystischen Erfahrung beim Beten: *„Gestern habe ich fast die ganze Nacht nicht geschlafen, erst ein wenig Tagebuch geschrieben und dann gebetet. Die Wonne, die ich beim Beten empfand, kann ich mit Worten nicht wiedergeben. Ich sprach die Gebete, die ich gewöhnlich spreche: das Vaterunser, das Gebet an die Gottesmutter, die Dreifaltigkeit, das Tor der Barmherzigkeit und an den Schutzengel, und dann habe ich immer weitergebetet. Wenn Beten als Bitten oder Danken zu definieren ist, dann habe ich nicht gebetet.* [. . .] *Mich verlangte, mit dem allumfassenden Wesen zu verschmelzen. Ich bat es, mir meine Sünden zu vergeben; doch nein, darum bat ich nicht, denn ich spürte, wenn es mir diesen* *beseligenden Augenblick schenkte, dann hatte es mir vergeben.* [. . .] *In ein einziges Gefühl schloß ich alles ein, Bitten und Danken. Die Furcht war völlig geschwunden. In diesem einen Gefühl hatte ich weder den Glauben noch die Hoffnung, noch die Liebe unterscheiden können. Jetzt weiß ich, welches Gefühl ich gestern empfand - Liebe zu Gott. Eine erhabene Liebe, die alles einschließt, was gut, und alles negiert, was böse ist. Wie fürchterlich war der Anblick der seichten - der lasterhaften Seite des Lebens. Ich konnte es nicht fassen, wie sie mich in ihren Bann zu schlagen vermochte. Ehrlichen Herzens bat ich Gott, mich in seinen Schoß aufzunehmen. Ich spürte kein Fleisch, war nur Geist."*

1874
Músorgskij *Boris Godunov*
(Oper nach A. Puškin)

Dass Tolstoj pantheistische Vorstellungen von Gott hatte, stellen Levickij, Lauer und Müller dar und führen ein Zitat aus dem Roman *Krieg und Frieden* von Pierres Traum an, der durch die Worte eines bäuerlichen Soldaten Platon Karataev zu der Erkenntnis kam: *„Das Leben ist alles. Das Leben ist Gott. Alles verschiebt und bewegt sich, und diese Bewegung ist Gott. Und solange es Leben gibt, gibt es die Lust der Selbsterkenntnis der Gottheit. Das Leben lieben heißt Gott lieben."* [46]

Als Tolstoj eine tiefe Krise durchlebte, begann er nach Gott zu suchen. Dies kam nicht aus dem Denken, wie er in *Meine Beichte* schreibt, sondern aus dem Herzen. Er fragte sich: *„Wenn ich bin, so hat das eine Ursache und eine Ursache aller Ursachen. Und diese Ursache aller Dinge ist das, was man Gott nennt."* [47] Sein Bewusstseinszustand wechselte zwischen Erkenntnis und Zweifel, Licht und Dunkelheit. Aber Tolstoj forschte weiter: *„Ich kann mir doch nicht verhehlen, daß mich jemand liebend geboren hat. Wer ist dieser Jemand? – Wieder Gott.* [. . .] *„Er ist", sagte ich mir, und ich brauchte nur auf einen Augenblick dies anzuerkennen, und sogleich hob sich das Leben in mir, und ich empfand die Möglichkeit und die Freude des Daseins."* [48]

Und Tolstoj erkannte, dass Gott Leben ist: *„Ich lebe doch, wirklich lebe ich doch nur dann, wenn ich ihn fühle und ihn suche. Warum also suche ich noch? rief eine Stimme in meinem Innern. Er ist also. Er ist das, ohne das man nicht leben kann. Um Gott wissen und leben ist ein und dasselbe. Gott ist das Leben. Lebe, indem du Gott suchst, dann gibt es kein Leben ohne Gott. Und stärker denn je wurde alles licht in mir und um mich her, und dieses Licht verließ mich nicht mehr. So wurde ich vom Selbstmord gerettet."* [49]

Aus mystischen Erlebnissen und / oder aus der Bibel (1 Joh 4, 16 und 1 Joh 4, 8) wusste Tolstoj auch: „Gott ist Liebe." Diese Erkenntnis bezeugen verschiedene Zitate von ihm. Und er weist daraufhin, dass die Menschen den Anfang lieben sollen, nicht fürchten: *„Es heißt, man muss Gott fürchten. Das ist nicht wahr. Gott muss man lieben und nicht fürchten. Man kann nicht den lieben, den man fürchtet. Außerdem ist es deshalb nicht möglich, Gott zu fürchten, weil er die Liebe ist. Wie kann man die Liebe* *fürchten? Man soll Gott nicht fürchten, sondern in sich erkennen. Und wenn du Gott in dir erkennst, wirst du nichts mehr auf der Welt fürchten."* [50]

Im Sterben auf dem Bahnhof in Astapovo sagte Tolstoj seiner Tochter Aleksandra die letzten Worte: „*Gott ist jenes unbegrenzte Alles, von dem der Mensch sich selbst nur als begrenzten Teil erkennt. In Wahrheit existiert nur Gott. Der Mensch ist seine Erscheinung in Stoff, Zeit und Raum."* [51] Tolstoj hatte ein weites Bewusstsein von Gott und dem Menschen. Er wusste: „Gott ist in mir." und „Gott und Mensch sind eins."

1879
Čaikovskij (Tschaikowsky)
Eugen Onegin (Oper) und
Schwanensee (Ballett)

Den Sinn des Lebens sah Tolstoj darin, sich selbst zu verwirklichen. Der Mensch kommt vollkommen auf der Erde an, aber das in ihm enthaltene Potential wird meist nur zu einem geringen Prozentsatz genutzt und entwickelt. Ein Zitat von ihm verdeutlicht dies: „*Alle Menschen sind mit drei Angelegenheiten beschäftigt 1. sich zu ernähren, d. h. ihr eigenes Leben zu erhalten, 2. sich zu vermehren, d. h. das ganze Geschlecht zu erhalten, und 3. ihre höhere Aufgabe zu erfüllen, das Gottesreich aufzurichten, wozu es nur ein einziges Mittel gibt: die Selbstvervollkommnung. Fast alle Menschen sind mit den beiden ersten Angelegenheiten beschäftigt und vergessen die letztere, die eigentlich die allein wichtige ist."* [52] Anstelle des deutschen Wortes „Selbstvervollkommnung" drückt vielleicht das Wort „Selbstentfaltung" den inneren Prozess, den Tolstoj hier meint, besser aus, da der Mensch bereits vollkommen ist.

Tolstoj sah es als Lebensaufgabe, den Willen des Anfangs umzusetzen. Nun ist die Frage, was will Gott? Nur wenige Menschen können die wahre göttliche Stimme direkt hören, wie z. B. Hildegard von Bingen. Tolstoj nahm als Richtschnur vielleicht Inspirationen, Träume oder mystische Erfahrungen. Er richtete sich auch nach der Bibel (Lk 17, 21: „*Das Reich Gottes ist inwendig in euch."*) und insbesondere nach der Bergpredigt. Aber was ist der Wille des Anfangs heute? Vielleicht sind Tolstojs Worte noch gültig: „*Ich muß immer dessen eingedenk sein, daß ich kein privater Mensch bin, sondern ein Gottgesandter, dessen Pflichten darin bestehen, erstens die Würde dessen zu wahren, den ich vertrete (menschliche Würde), zweitens stets nach Seiner Vorschrift zu handeln (Liebe), drittens stets auf das Gedeihen der Sache bedacht zu sein, um derentwillen ich gesandt bin (Reich Gottes) und viertens wenn Seine Interessen mit meinen eigene, persönlichen, in Widerstreit sind, meine eigenen zu opfern."* [53] Dieser hohe Anspruch an sich selbst zeigt ein enormes Verantwortungsgefühl dem Schöpfer gegenüber. Tolstojs Vision vom Menschen spiegelt, einen eigenen Willen dem einen Willen unterzuordnen: Der Mensch, der erkennt, wer er ist und den Willen Gottes wahrnehmen kann und bereit ist, ihm zu folgen. Eine Gemeinschaft solcher Menschen wird nach Tolstoj eine neue Lebensform leben: in Freiheit, Brüderlichkeit und Liebe verbunden, da Gott im Menschen lebt und wirkt.[54]

7.4 Vladímir S. Solov'ëv (1853-1900)

7.4.1 Leben und Werk

Der russische Philosoph und Dichter Vladímir S. Solov'ëv[55] (russ. Владимир С. Соловьёв) wurde im Jahre 1853 in Moskau geboren. Sein Vater, Sergej Michajlovič Solov'ëv, war ein einflussreicher Professor für Geschichte an der Universität in Moskau. In 29 Bänden hat er die Geschichte Russlands niedergeschrieben. Vladimirs Mutter entspross ukrainischem Adel. Grigorij Skovoroda war ihr Großonkel.[56] Während seiner Kindheit erfuhr Vladimir eine hohe Bildung und begann sich bereits mit 14 Jahren für Philosophie zu interessieren. Nach einer atheistischen Phase schrieb er rückblickend mit 19 Jahren: „*Was mich persönlich betrifft, so zweifelte ich in diesem Alter nicht nur, negierte nicht nur meine früheren Glaubensvorstellungen, sondern ich haßte sie auch von ganzem Herzen – ich schäme mich, wenn ich daran denke, was für überaus dumme Lästerungen ich damals ausgesprochen habe und begangen habe* [. . .]" [57]

1879 Dostoevskij *Die Brüder Karamasov*

Im Jahre 1869 studierte er Naturwissenschaften an der Universität in Moskau, wechselte aber später zur Philosophie. Vier Jahre später nahm er zusätzlich noch ein Studium an der Geistlichen Akademie in Sergiev Posad (heute Zagorsk) auf, jedoch nicht mit dem Ziel, Priester zu werden. Aufgrund seines ausgezeichneten Abschlusses wurde Vladimir bereits mit 21 Jahren Dozent an der Moskauer Universität. Dort lehrte er Philosophie und wie später auch an der Universität in St. Petersburg. Aus politischen Gründen musste er im Jahre 1882 die Universitätslaufbahn beenden und war dann als freier philosophischer Schriftsteller tätig.

Solov'ëv kannte alle bedeutenden Werke der östlichen und westlichen Philosophie, die er sich über das Erlernen verschiedener Sprachen (Deutsch, Französisch, Italienisch, Griechisch, Hebräisch u. a.) erschloss. Besonders beeinflusst haben ihn Platon, dessen Werke er ins Russische übersetzte, Plotin, Spinoza (seine erste philosophische Liebe), die christliche Mystik (Jakob Böhme) und der deutsche Idealismus. Dazu kamen eigene mystische Erfahrungen mit der weiblichen Seite Gottes. Solov'ëv selbst hat zahlreiche Werke geschrieben. Neben der russischen Gesamtausgabe seiner Werke (1911-1913) und Briefen (1908-1923) liegt auch

Abb. 24: Vladimir S. Solov'ëv von Ivan N. Kramskoj (1885) Quelle: Wikimedia Commons

eine Gesamtausgabe in deutscher Sprache (abgekürzt: DG; 1953 ff.) in acht Bänden und einem Ergänzungsband vor.[58]

In seiner ersten Schaffensperiode (1874-1882) stellte er die theoretischen Grundlagen dar, insbesondere zur Lehre der All-Einheit in den *Zwölf Vorlesungen über das Gottmenschentum* (1877-1881) und in seiner Doktordissertation *Kritik der abstrakten Prinzipien* (1877-1880), die in Deutschland einer Habilitation entspricht. In seiner 2. Schaffensperiode (1882-1890) widmete er sich der praktischen Umsetzung dieser Lehre und wollte die West- und die Ostkirche vereinigen. Allerdings schlugen seine Versuche fehl und er ließ enttäuscht nach mehreren Jahren von seinem Vorhaben ab.[59] In seiner dritten Schaffensperiode ab dem Jahre 1890 beschäftigte er sich vor allem mit der Philosophie der Schönheit und der Liebe. In dieser Zeit ist auch das Werk *Der Sinn der Liebe* entstanden.

Als Poet hat Solov'ëv zahlreiche Gedichte geschaffen, wie z. B. über das Ewig-Weibliche:

> „*Wißt denn, das Ewig-Weibliche schwebet*
> *In unverweslichem Leib zur Erde herab.*
> *Im ewigen Licht, das die Göttin umwebet,*
> *Beugt sich der Himmel zum Meer tief hinab.*" [60]

1889
Berta von Suttner
Die Waffen nieder

Das Bedeutsamste in seinem Leben hielt er in dem Poem *Drei Begegnungen* zwei Jahre vor seinem Tod fest. Solov'ëv schildert in dieser kurzen Autobiographie mystische Erlebnisse mit seiner „Königin", der weiblichen Seite Gottes, während eines Gottesdienstes in Moskau (1862), im Lesesaal einer Bibliothek in London (1875) und in der Wüste in Ägypten (1876):

> „[. . .] *Du hast Dich dreimal mir zu sehn gegeben.*
> *Nicht mein Gedanke war's, der Dich erschuf;*
> *Nein, tiefste Wirklichkeit war dies Erleben:*
> *Du kamst, vernehmend meines Herzens Ruf.*
>
> I.
> [. . .] *Und plötzlich will der Blick an nichts mehr haften,*
> *Das Irdische verlor sich ohne Spur.*
> *Verklungen ist der Sturm der Leidenschaften,*
> *Um mich herum und in mir nur Azur.*
>
> *Azurumstrahlt auch Du! Und eine Blüte*
> *Von überird'scher Schönheit hielt die Hand.*
> *Du lächeltest mir zu in holder Güte,*
> *Du nicktest – und das Himmelsbild entschwand.* [. . .]
>
> II.
> [. . .] *Da, eines Tags – das Jahr ging schon zur Neige –*
> *Sprach ich zu Ihr: „Ich fühle, Du bist hier:*
> *Du bist mir nah, wie einst dem Kinde. Zeige,*
> *O Blüte Du der Gottheit, – zeig' Dich mir!"*

Kaum war's gesagt, da fühlt' ich mich umflossen
Von gold'nem Glanz und strahlendem Azur
Und wieder sah ich Sie, von Licht umgossen,
Doch nur Ihr Antlitz, ach! – das Antlitz nur. [. . .]

III.
[. . .] *Im Purpurglanz des Morgenhimmels blühte*
Ein Frühling auf, draus blicktest Du mich an.
Der helle Schein in Deinen Augen glühte
Wie einst das Licht am Tag, da Gott sein Werk begann.

Was ist, was war, was kommt in Ewigkeiten,
Lag vor dem Blick in reicher Vielgestalt:
Blau schimmern unter mir des Meeres Weiten,
Die weißen Bergeshöhn, der ferne Wald.

Ich sah das All, und alles war nur Eines,
War meiner ew'gen Freundin holdes Bild,
Und von dem Glanze dieses Himmelsscheines
War alles um mich her und war mein Herz erfüllt.

Lichtglänzende, Dein Wort hat nicht getrogen:
Ich durfte in der Wüste ganz Dich sehn.
Wohin auch immer mich des Lebens Wogen
Noch tragen – dieses Glück kann nicht vergehn [. . .]" [61]

1881-1973
Pablo Picasso

Müller weist darauf hin, dass in Solov'ëvs Schriften nichts von solchen Erlebnissen zu finden ist. Sie sind logisch rational verfasst, aber in den Gedichten kann der Leser eher dem Menschen Vladimir Solov'ëv begegnen: *„Nirgends spricht Solov'ev sich so offen, so aufrichtig aus wie in seinen Gedichten. In seinen wissenschaftlichen Arbeiten wendet er sich an den Verstand, an den ratio seiner Leser."* [62] Bereits mit 47 Jahren starb Solov'ëv in Uskoje bei Moskau.[63] Kurz danach im Jahre 1925 schrieb der russische Philosoph Nikolaj Berdjaev über ihn: *„Alle erkennen mehr oder weniger an, daß Vladimir Solov'ev der größte russische Denker war. Aber in der gegenwärtigen Generation gibt es keine Dankbarkeit für seine große Leistung, kein Verständnis und keine Würdigung seines geistigen Bildes."* [64]

Zwar wird in der Literatur vom *„Philosophen Nr. 1"*, vom *„russischen Plato"* [65] oder vom *„russischen Origenes"* [66] und von einem der *„allergrößten Meister der philosophischen Prosa aller Völker"* [67] gesprochen, mit dem die russische Philosophie erst so richtig begonnen hätte, aber dennoch war und ist Vladímir Solov'ëv wenig bekannt – im Westen wie im Osten. So schreibt Berdjaev: *„Zu seinen Lebzeiten wurde Solov'ëv wenig geachtet und nicht verstanden. Man schätzte vor allem seine Idee der Theokratie, d.h. das Schwächste, an ihm. Breitere Anerkennung fand seine liberale Publizistik. Gewaltig ist später sein Einfluß auf die Renaissance des Geistes zu Beginn des 20. Jahrhunderts, als ein Teil der russischen*

Intelligenz eine geistige Krise durchmachte.“ [68] Müller und Goerdt berichten von Forschern, die sich in Russland und Deutschland mit dem Leben und Schaffen von Solov'ëv beschäftigten.[69] Speziell zur Rezeption Solov'ëvs in Deutschland liegt eine Dissertation von Dimitrij Belkin (2000) vor. Dennoch stellt Ehmer am Ende des 20. Jahrhunderts fest: *„Auf die gesamte nicht-marxistische Philosophie Rußlands übte Solowjef gewaltigen Einfluß aus, vor allem auf Berdjajef. Trotzdem ist er im Bewußtsein der Gegenwart praktisch ein Vergessener. Vielleicht wird man ihn eines Tages neu entdecken – als Visionär eines kommenden Neuen Zeitalters.“* [70] Warum ist das so? Solov'ëv selbst schreibt als 20-Jähriger in einem Brief an eine Freundin, dass er seine Lebensaufgabe darin sieht, die eine Wahrheit, die für ihn klar ist, in das allgemeine Bewusstsein oder zumindest in das Bewusstsein derer, die etwas im Verstand und im Herzen haben, zu bringen: „[. . .] *dass der wirkliche Zustand der Menschheit nicht so ist, wie er sein soll, bedeutet für mich, dass er geändert, dass er umgestaltet werden muß* [. . .] *Aber die wichtige Frage ist: Wo sind die Mittel?* [. . .] *Ich weiß, dass jede Umgestaltung von innen heraus erfolgen muß – aus dem Geist und dem Herzen des Menschen* [. . .] *folglich muß man auf die Überzeugungen einwirken, die Menschen von der Wahrheit überzeugen. Die Wahrheit selbst* [. . .] *ist in meinem Bewusstsein klar, aber die Frage ist, wie ich sie ins allgemeine Bewusstsein bringe, für das sie gegenwärtig irgendein so ein Monstrum ist – etwas ganz Fremdes und Unverständliches* [. . .]“ [71] Für diese Lebensaufgabe hat er alles bis dahin zur Philosophie Erforschte studiert, um die eine Wahrheit, die für ihn die All-Einheit ist, *„in eine unbedingt vernünftige Form zu bringen“*. [72]

1890
Borodin
Fürst Igor
(Oper mit den Polovzer Tänzen, vollendet von Glazunov und Rimskij-Korsakov)

7.4.2 Philosophie der All-Einheit

Solov'ëv entwickelte eine Lehre der All-Einheit und stellt sie vor allem in den *Zwölf Vorlesungen über das Gottmenschentum*[73] dar, aber auch in anderen Werken, wie z. B. in *Kritik der abstrakten Prinzipien* und in *Der Sinn der Liebe*. Im Folgenden wird auf zentrale Aspekte aus den ersten beiden Werken eingegangen, zu dem letzten auf den Artikel der Autorin *Solov'ëv – Der Sinn der Liebe* im *KulturForumWissen* aus dem Jahre 2009 verwiesen.[74]

In einem Brief teilt Solov'ëv mit, dass er den Begriff „All-Einheit“ in die russische Philosophie eingeführt hat.[75] Er definiert ihn wie folgt: *„Alleinheit, d. h. die Einheit von allem, wird in zwei Hauptbedeutungen: einer negativen oder abstrakten und einer positiven oder konkreten, gedacht. Im ersten Sinne wird die Einheit von allem in dem gesetzt, was allem Existierenden gemein ist, wobei dieses Allgemeine je nach dem philosophischen Standpunkt verschieden erscheint: so ist es für den Materialismus der Stoff, für den konsequenten Idealismus die sich selbst entfaltende logische Idee und so weiter. Im zweiten, im positiven Sinn wird das Verhältnis des einen Prinzips zu allem als Verhältnis des allumfassenden geistig-organischen Ganzen zu den* *darin befindlichen Gliedern und Elementen gedacht. Dieser Gedanke tritt ebenfalls in den verschiedenen metaphysischen Systemen in bestimmten Abwandlungen auf."* [76]

Die Ursprünge des All-Einheitsgedanken gehen bis in die Anfänge der indischen Philosophie zurück und wie ein goldener Faden durchzieht er die Geistesgeschichte hoher Kulturen bis in die heutige Zeit, wie z. B.:

- Vedanta / Upanishad: *„1. das Seiende ist dies, eines nur, ohne anderes; 2. das bist Du (tat tvam asi); 3. ich bin Brahman (aham brahma asmi)."* [77]
- Vorsokratiker: Thales[78], Parmenides *„alles ist somit eins."* [79], Xenophanes[80], Heraklit *„Alles ist eins."* [81]
- Jesus: *„Ich und der Vater sind eins."* (Joh. 10, 30 und Joh. 17, 21-26)
- Neuplatonismus: Plotin (204/205-270) u. a.[82]
- Zen[83]
- Mystik des Mittelalters: Meister Eckehart (1260-1327)[84]
- Baruch Spinoza (1632-1677)[85]
- Vladimir Solov'ëv (1853-1900): Philosophie der All-Einheit[86]
- Pierre Teilhard de Chardin (1881-1955)[87]
- Joel Goldsmith (1892-1964)[88]
- Hans-Joachim Lenz (2009): *Das Ende des Dualismus*[89]

1891
Rachmaninov
Prinz Rostislav
(Sinfonische Dichtung nach der gleichnamigen Ballade von A. K. Tolstoj, die auf dem Igor-Lied basiert)

Grundlage für Solov'ëv ist, dass es einen göttlichen **Anfang** gibt. Diesen nennt er das absolute Prinzip, Gott, das All-Eine, das Nichts, aber auch Alles.[90] Er ist fest von dessen Existenz überzeugt: *„folglich ist die Realität des ‚alles', die allgemeine oder ganzheitliche Realität, die Realität Dessen, der alles ist – die Realität Gottes. Doch diese unbedingte Realität an sich ist nur der unmittelbaren Wahrnehmung zugänglich, der inneren Offenbarung, das heißt, sie bildet den Gegenstand der religiösen Erkenntnis (znanie)."* [91] Dieses All-Eine kann der Mensch in der Anschauung erkennen und an anderer Stelle schreibt er: *„Daß Gott ist, das glauben wir, doch was Er ist, das erfahren und erkennen wir."* [92] *„wenn wir uns in jene stumme und reglose Tiefe versenken,* [. . .] *in diesem Urquell unseres eigenen geistigen Lebens berühren wir uns innerlich auch mit dem Urquell des allgemeinen Lebens, erkennen wir Gott wesenhaft als Urprinzip (pervonačalo) oder Substanz des Ganzen, erkennen wir Gott den Vater. – Das ist die erste Gestalt des Seienden – die Wirklichkeit, die er als der Eine hat."* [93]

Wie können wir uns das absolute Prinzip erdenken? Solov'ëv führt in den *Zwölf Vorlesungen über das Gottmenschentum* die geschichtliche Entwicklung des religiösen Bewusstseins aus, angefangen von der Naturreligion über den Buddhismus, griechische Philosophie (Platonismus) bis zum Judentum / Christentum:

- Naturreligion: Gottheit als etwas Hohes und außerhalb des Menschen.[94]
- Buddhismus: Das absolute Prinzip ist das Nichts.[95]
- griechische Philosophie (Platon): Gottheit als höchste Idee.[96]
- Judentum: Gottheit als wahrhaft-seiende bzw. absolute Person oder als reines Ich: *„ich bin, der ich bin."* [97]

Zusammenfassend ist Gott als absolutes Prinzip Nichts und Alles, aber auch als eine personale Gestalt möglich: „*So liegt die Wahrheit offenbar darin, daß das göttliche Prinzip nicht nur Person in dem Sinne ist, daß es sich in dieser Definition als Person erschöpft, daß es nicht nur das Eine, sondern auch das Ganze ist, nicht nur individuelles, sondern auch allumfassendes Wesen, nicht nur Seiender, sondern auch Wesenheit ist. Als Absolutes, das Subjekt ist, ist es zugleich auch Substanz; obwohl es Person ist oder Person-Sein hat, ist es zugleich auch absoluter Inhalt oder Idee, die dieses personenhafte Sein erfüllt.*" [98] FürSolov'ëv ist der Anfang beides: personale Gestalt und Alles.

Das All-Eine will als **Mensch** erscheinen und schuf ein Bild von sich selbst. Das Bild vom all-einen Menschen trägt der Mensch in sich. Der Mensch ist ein Abbild des Einen (Gen 1, 26-27). Solov'ëv schreibt, dass jeder Mensch das Göttliche in sich trägt: „*Jeder von uns, jedes menschliche Wesen hat wesenhaft und wirklich Anteil am universalen oder absoluten Menschen und wurzelt in ihm.*" [99]

1892
Rachmaninov
Aleko
(Oper nach Puškin)

Der Anfang bringt sich als Mensch in Erscheinung, um auf der Erde in der Materie zu leben: „*Wenn einmal feststeht, daß Gott, um wirklich und real zu existieren, sich und seine Existenz zur Erscheinung bringen, also im anderen wirksam sein muß* [. . .] " [100] Die Erscheinung des Anfangs ist der Mensch. Das steht für Solov'ëv fest: „*Dieses andere ist für Gott nicht ein absolut anderes (was undenkbar wäre), sondern ist sein eigener Ausdruck oder seine Erscheinungsform; und in diesem Sinne wird Gott als das Wort bezeichnet.*" [101] Solov'ëv zitiert hierzu auch das Wort Gottes aus der Bibel (Ps 82, 6): „*Ich habe gesagt: Ihr alle seid Götter und Söhne des Allerhöchsten.*" [102]

Zum idealen Menschen führt Solov'ëv aus, dass er einen physischen Organismus mit Organen, Geweben, Zellen und Atomen hat, aber im geistigen Bereich auch Bewusstsein und ein Ich. Außerdem sind ideelle Wesenheiten bei ihm.[103] Folglich gehört der Mensch der physischen und der geistigen Welt an. Er ist ein Mittler, ein Bindeglied.[104] Als solches hat er zu der Welt des Geistes bzw. des Göttlichen Zugang: „*Und der Mensch, der diesen beiden Welten zugleich angehört, kann und soll im Akt der intellektuellen Anschauung die Welt des Göttlichen berühren* [. . .]" [105] Als Beweis, dass dies möglich ist, erwähnt er wahre Dichter, die in das „Vaterland der Flamme und des Wortes" eintauchen und von dort Inspiration für ihre Werke erhalten.[106]

Im Menschen ist somit Göttliches enthalten: „*Erkennen wir also die Existenz unseres Geistes überhaupt an, dann müssen wir auch anerkennen, daß er ursprüngliches, substantielles Sein besitzt* [. . .] *wir müssen anerkennen, dass er in größeren Tiefen ruht als in jener inneren Wirklichkeit, die unseren jeweiligen Lebensstrom ausmacht. In dieser Ursprungstiefe liegen auch die Wurzeln dessen, was wir als Selbst oder Ich bezeichnen.*"[107] Solov'ëv kommt daher zu dem Schluss: „*In uns selbst ist ein unendlicher Reichtum von Kräften und Inhalt beschlossen, die hinter der Schwelle unseres jetzigen Bewusst-*

seins verborgen liegen; nur ein bestimmter Teil von ihnen, der aber niemals das Ganze ausschöpft, überschreitet stufenweise diese Schwelle."[108]

Im Unterschied zu allen anderen Lebewesen kann sich der Mensch über das Bewusstsein als göttliches Wesen erkennen. Solov'ëv nennt es „religiöses Bewusstsein", zu dem für ihn die Gesamtheit der religiösen Erfahrungen und das religiöse Denken gehört und über das die Erkenntnis Gottes möglich ist.[109] An anderer Stelle schreibt er: *„Obwohl der Mensch real nur eines aus der Vielzahl der Naturwesen ist, ist er doch in seinem Bewußtsein fähig, die Vernunft oder den inneren Zusammenhang und Sinn (λογος) alles Existierenden zu begreifen und erscheint so in der Idee als Ganzes, und in diesem Sinn ist er das zweite All-Eine, das Bild und Gleichnis Gottes."* [110] Wenn der Mensch das Göttliche in sich erkennt, ist er eins mit dem Anfang.

Als Beispiel eines Gottmenschen führt Solov'ëv Jesus an, der im höchsten Maße das Göttliche entfaltet hat: *„Die Inkarnation* [. .] *des göttlichen Logos in der Person Jesu Christi ist die Erscheinung des neuen geistlichen Menschen, des zweiten Adam."* [111] Jesus ordnete seinen eigenen Willen den göttlichen unter. Solov'ëv sieht das als notwendigen Schritt für die Einheit an: *„Auf diese Weise ordnet Christus* [. . .] *diesen seinen menschlichen Willen dem göttlichen unter und bringt beides zur Übereinstimmung: dadurch vergöttlicht er sein menschliches Sein* [. .] *im Gegenzug zur Menschwerdung seines göttlichen Seins* [. .]*."* [112]

1892
Čaikovskij (Tschaikowsky)
Der Nussknacker (Ballett)

Solov'ëv stellt dar, dass Jesus kein Einzelfall ist, sondern das die ganze Schöpfung auf den Gottmenschen ausgerichtet ist: *„zum Menschen hin strebte und gravitierte die ganze Natur, auf den Gottmenschen hin ist die ganze Geschichte der Menschheit gerichtet."* [113] Gottmensch definiert Solov'ëv mit *„Gott, der menschliche Natur angenommen hat."* [114], merkt jedoch an: *„Aber die Gottheit aufnehmen kann der Mensch nur in seiner wahren Ganzheit, in der inneren Einheit mit allem; folglich ist der wahrhaft vergottete Mensch oder der wahre Mensch-Gott unbedingt kollektiv* [. . .]"[115]

Das All-Eine ist in jedem Menschen. Solov'ëv stellt hierzu fest: „[. . .] *folglich kann jeder für den andern nur dann absoluter Zweck oder Gegenstand sein, wenn er (jeder) in gewisser Weise dieses alles in sich trägt oder enthält, [wenn er] in gewisser Weise dieses All-Eine durch sich ausdrückt oder mit anderen Worten: wenn jeder seinem Wesen oder seiner Idee selbst nach ein notwendiges und unersetzbares Glied im Bestand des all-einen Organismus ist,"* [116] Welche Beziehung haben die Glieder dieses „all-einen Organismus"?[117] Der Mensch muss freiwillig seinen eigenen Willen den göttlichen unterordnen.[118] Rechtliche Beziehungen führen lt. Solov'ëv nicht zur Ordnung, sondern das innere Gesetz: *„Doch die Offenbarung des Alten Testaments* [. . .] *enthält in sich selbst das Zugeständnis, daß die Religion des Gesetzes nicht die normgebende (normal'nyj), wahre Reli-*

gion ist, sondern nur der notwendige Übergang zu einer anderen, nicht äußerlichen Beziehung oder Verbindung mit dem göttlichen Prinzip." [119]

Der Wille Gottes ist die Liebe. Somit verbindet die Liebe die einzelnen Glieder: *„Wenn aber Gottes Wille die Liebe ist, so wird dadurch auch das innere Gesetz für den Willen des Menschen bestimmt."* [120] Für Solov'ëv stellt dieses Gesetz die Voraussetzung für die Gemeinschaft dar. *„Der Wille Gottes soll Gesetz und Norm für den Willen des Menschen nicht als anerkannte* [. .] *Willkür, sondern als das bewusst erkannte* [. .] *Gute sein. Auf dieser inneren Beziehung soll der neue Bund zwischen Gott und der Menschheit zustande kommen, die neue gottmenschliche Ordnung, die jene vorläufige und vorübergehende Religion ablösen soll, die auf den äußeren Gesetz fußte."* [121]

1896
Rimskij-Korsakov
Sadko (Oper nach einer russischen Volkssage)

Solov'ëv verwendet den Begriff **„Weltseele"** (oder auch „Sophia") und definiert ihn wie folgt: *„Weltseele* [. . .] *ist die einheitliche innere Natur der Welt, die als lebendiges, strebendes, vorstellendes und fühlendes Wesen gedacht wird."* [122] Der Begriff geht auf Platon zurück, der ihn in dem Werk *Timaios* beschreibt. Grundsätzlich ist eine Seele *„eine geistige, von Gott gegebene Macht, die einen materiellen Körper zu einem empfindsamen Menschen macht. Mit dem Tod verlässt die Seele den Körper."* [123] Mit Weltseele (Sophia) setzt Solov'ëv auch die ideale (urbildliche) Menschheit gleich, die das Eine und das Alles zugleich ist.[124] Die Weltseele als solche ist bestrebt, zu schöpfen.

Der Mensch ist fähig, die **All-Einheit** zu erfahren. Voraussetzung ist, dass er Gott als Anfang anerkennt und zulässt. Solov'ëv schreibt: *„Im Menschen jedoch erhält die All-Einheit eine wirkliche, wenn auch noch ideale Form – im Bewußtsein. In menschlicher Form ist jedes Wesen idealerweise alles, sofern es alles in seinem Bewußtsein einschließen kann."* [125] Weiter führt er aus, dass der Mensch die All-Einheit in der Stille erfahren kann: *„Im Licht der ideellen Betrachtung fühlen und behaupten wir uns selbst nicht in unserem Einzel-Sein: hier verlischt das quälende Feuer des Eigenwillens, und wir werden uns der wesenhaften Einheit mit allen anderen bewußt."* [126] Leider sind das nur „lichte Momente", die im Alltag meist verloren gehen. Zwar kann im Kopf das Wissen (von der Gottebenbildlichkeit) vorhanden sein, „[. . .] *das vergessen wir aber völlig in den wirklichen, praktischen Lebensbezügen, und dann sind alle anderen Wesen für uns nicht mehr lebendige Personen, sondern nur leere, hohle Masken."* [127]

Solov'ëv geht noch weiter, indem er das Ziel der Schöpfung darin erkennt, dass jeder Mensch die Einheit verwirklicht und die Liebe wahrnimmt: *„Der Sinn der Welt, in dem auch die Gerechtigkeit Gottes beschlossen liegt, ist die innere Einheit eines jeden mit allem. In der Gestalt lebendiger persönlicher Kraft ist diese Einheit Liebe."* [128]

Die **Liebe** ist der Anfang. Schon in der Bibel steht: „*Gott ist die Liebe.*" (1. Joh. 4, 8 und 1. Joh. 4, 16). Solov'ëv bestätigt: „*Die absolute Liebe ist nämlich jenes ideale Ganze, jene All-Ganzheit, die den eigentlichen Inhalt des göttlichen Prinzips ausmacht.*" [129] Und somit ist die All-Einheit ebenso Liebe: „*Jede innere Einheit aber, jede von innen her kommende Vereinigung vieler, ist Liebe (in jenem weiteren Sinne, in dem dieser Begriff mit Begriffen wie Eintracht, Harmonie und Frieden oder mit Welt und Kosmos zusammenfällt).*" [130] Der Übersetzer merkt an, dass im Russischen dasselbe Wort „mir" für Welt und Frieden verwendet wird.

Der Mensch soll die All-Einheit in seinem Leben verwirklichen. Das ist seine **Aufgabe**, schreibt Solov'ëv: „*entsteht nun von hier aus für den Menschen die Aufgabe, seine göttliche Idee (oder sich selbst als göttliche Idee) in seinem natürlichen Sein, das heißt in seinem menschlichen (rationalen) und seinem natürlichen (materiellen) Element zu verwirklichen. Da aber der Mensch nur in der inneren Einheit mit allen, in der Einheit der Allmenschlichkeit oder in absoluter Liebe eine göttliche Idee ist, so ist auch die vom Menschen [zu schaffende] Verwirklichung seines göttlichen Prinzips in den niedrigeren Elementen nichts anderes als die Verwirklichung der All-Einheit oder die Realisierung der absoluten Liebe in der relativen Welt der Vernunft und der Natur.*" [131]

Solov'ëv führt weiter aus: „*Die stufenweise Verwirklichung dieses Strebens, die stufenweise Realisierung der ideellen All-Einheit machen Sinn und Ziel des Weltprozesses aus. Wie in der göttlichen Ordnung ‚alles' ein absoluter Organismus in ewiger Dauer ist, so ist nach dem Gesetz des natürlichen Seins ‚alles' im stufenweisen Werden zu einem solchen Organismus in der Zeit begriffen.*" [132]

1899
E. Haeckel
Die Welträtsel

Das Dilemma ist, dass für „moderne" Menschen Gott kaum eine Bedeutung hat. Solov'ëv schreibt, dass Religion im ursprünglichen Sinne eine kümmerliche Sache sei und kaum beachtet würde. Die meisten Menschen hätten sich ihr Leben ohne das göttliche Prinzip eingerichtet und Strömungen wie der Sozialismus und Positivismus würden an Zulauf gewinnen.[133] Der „moderne" Mensch wendet sich ab von Gott. Die Folge ist Chaos in der Welt. Der Mensch bleibt ein Einzelner mit Eigenwillen, der dem materiellen Prinzip anheim fällt.[134]

Solov'ëvs Entwurf vom Gottmenschentum, auf den die Schöpfung ausgerichtet ist, erscheint wie ein Licht in eine uns ferne Zukunft zu leuchten. Ist es utopisch, von der Verwirklichung des göttlichen Ebenbildes in der Materie zu träumen? Oder hat Solov'ëv kühn den Willen des Einen niedergeschrieben? Jeder Einzelne kann die Liebe des Anfangs in sich zulassen und Jesus als Solov'ëvs Wegweiser und Vorbild folgen. Am Ende wird der Anfang Wege finden, seinen Traum als Mensch zu erscheinen, vollumfänglich zu erfüllen.

„Lieber Freund, kannst du nicht sehen,
Daß, was unsre Augen schauen,
Nur ein Abglanz, nur ein Schatten
Ist vom ewig Unsichtbaren.

Lieber Freund, kannst du nicht hören,
Daß des lauten Lebens Lärmen
Nur verzerrtes Widerhallen
Hehrer Harmonien ist.

Lieber Freund, kannst du nicht fühlen,
Daß das einzige auf Erden
Nur das ist, was Herz zu Herzen
In dem stummen Gruße spricht." [135]

7.5 Zusammenfassung

Bereits in seiner Jugend studierte **Dostoevskij** anspruchsvolle Literatur. Beim Schreiben ließ er sich zwar inspirieren, aber in seinem Leben geriet er auch unter negative Einflüsse, so dass seine Werke teilweise von Irrtümern belastet sind. Zu berücksichtigen ist aber, dass er seinen Lebensunterhalt mit dem Schreiben bestreiten musste. Große Bedeutung jedoch hat seine Puschkin-Rede mit der Vision von den in brüderlicher Liebe lebenden Menschen in der Zukunft gewonnen. In Dostoevskijs Sprache wirkt eine Kraft, die Menschen bewegt.

Tolstoj konnte die Sprache höchst kunstvoll benutzen. Er liebte das Schreiben und das Leben als Poet. Hervorzuheben ist sein tiefes Vertrauen in das Wirken Gottes. Tolstoj beachtete die Signale, Inspirationen und Erkenntnisse, die er wahrgenommen hat. Seine Lebensaufgabe sah er darin, dem göttlichen Willen zu folgen. Es gab Menschen, die sein Wirken bestörten. Tolstoj maßregelte sich oft selbst. Jedoch nahm er die göttliche Liebe wahr und versuchte sich ihr zu öffnen.

Solov'ëv gilt als ein Gigant der russischen Philosophie. Seine Lehre zur All-Einheit ist von herausragender Bedeutung. Auch wenn seine Kerngedanken dem einen oder anderen fremd erscheinen mögen, können sie in der Zukunft neue Wege bewirken. Die Vision vom Gottmenschen, der in Einheit mit dem Anfang sein Potential entfaltet bis hin zu dem Zustand, in dem alle Menschen eins sein werden, stellt ein Licht in eine mögliche Zukunft dar, wenn die Menschen wollen und ihren eigenen Willen den göttlichen unterzuordnen bereit sind. Die Liebe des Anfangs bewegt und begleitet diesen Prozess bis zum Ende.

---

1 Vgl. *Lexikon der Geschichte Russlands*; vgl. Tornow, Siegfried: *Handbuch der Text- und Sozialgeschichte Osteuropas*, S. 532-541; vgl. Schmid, Ulrich: *Russische Religionsphilosophen des 20. Jahrhunderts*, S. 17.

2 Deppermann, Maria: *Experiment der Freiheit: Russische Moderne im europäischen Vergleich*, S. 1.
3 Vgl. Dahm, Helmut: *Grundzüge russischen Denkens*, S. 14; vgl. Wetter, Gustav: *Ursprünge und erste Entwicklung der russischen Philosophie*, S. 26-31.
4 Müller, Ludolf: *Dostoevskij*, S. 11.
5 Vgl. Müller, Ludolf: *Dostoevskij*; vgl. auch Lauer, Reinhard: *Geschichte der russischen Literatur*, S. 364-386, vgl. auch Kasack, Wolfgang: *Russische Autoren in Einzelporträts*, S. 112-118.
6 Dostoevskij, Fёdor; zit. nach Müller, Ludolf: *Dostoevskij*, S. 19 f.
7 Vgl. Lauer, Reinhard: *Geschichte der russischen Literatur*, *S.* 371.
8 Vgl. Müller, Ludolf: *Dostoevskij*, S. 21.
9 Dostoevskij, Fёdor; zit. nach Müller, Ludolf: *Dostoevskij*, S. 24 f.
10 https://de.wikiquote.org/wiki/Fjodor_Dostojewski, Druck: 24.07.2016.
11 Vgl. Zenkovskij, Vassilij V.: *Russland und Europa*, S. 174 f.; Zur Biographie Dostoevskijs vgl. Müller, Ludolf: *Dostoevskij*; Lauer, Reinhard: *Geschichte der russischen Literatur*, S. 364-386; *Kasack, Wolfgang: Russische Autoren in Einzelporträts*, S. 112-118; zu den Werken Dostoevskijs vgl. *Kindlers neues Literaturlexikon*.
12 Dostoevskij, Fёdor; zit. nach Dietrich, Wolfgang: *Russische Religiondenker*, S. 107.
13 Vgl. Levickij, Sergej: *Russisches Denken. Gestalten und Strömungen*, Bd. 1, S. 150-168; Luther, Arthur: *Geschichte der russischen Literatur*, S. 341-350.
14 Solov'ёv, Vladimir: *Reden über Dostoevskij*, S. 16 f.
15 Solov'ёv, Vladimir: *Reden über Dostoevskij*, S. 15.
16 Dostoevskij, Fёdor; zit. nach Müller, Ludolf: *Dostoevskij*, S. 24 f.
17 Solov'ёv, Vladimir: *Reden über Dostoevskij*, S. 13.
18 Vgl. Luther, Arthur: *Geschichte der russischen Literatur*, S. 341.
19 Dostoevskij, Fёdor: zit. nach Dostoevskij, Fёdor: *Die Brüder Karamasov*, S. 1272.
20 Dietrich, Wolfgang: *Russische Religionsdenker*, S. 139.
21 Dostoevskij, Fёdor: *Die Brüder Karamasov*, S. 584.
22 Kasack, Wolfgang: *Christus in der russischen Literatur*, S. 49.
23 Dostoevskij, Fёdor: *Tagebuch eines Schriftstellers*, S. 599.
24 Dostoevskij, Fёdor: *Tagebuch eines Schriftstellers*, S. 439.
25 Ortega y Gasset, José: *Über die Liebe,* S. 31.
26 Ortega y Gasset, José: *Über die Liebe*, S. 29.
27 Dostoevskij, Fёdor: *Russland und die Welt*, S. 202.
28 Dostoevskij, Fёdor: *Russland und die Welt*, S. 203.
29 Solov'ёv, Vladimir: *Reden über Dostoevskij*, S. 50.
30 Im Jahre 1849 richtete er eine Dorfschule in Jasnaja Poljana ein, aber kurze Zeit später reiste er in den Kaukasus ab.
31 Städtke, Klaus (Hrsg.): *Russische Literaturgeschichte*, S. 205.
32 Vgl. Wolf, Gabriela: *De Dignitate Hominis. Zum Menschenbild in der Geschichte der Pädagogik*, S. 84-97.
33 Vgl. Schmid, Ulrich: *Lev Tolstoj*, S. 22-28.
34 Tolstoj, Lev: *Der Tod des Ivan Il'ičš*, S. 87 f.; vgl. auch Göbler, Frank: *Vorlesung Russische Literaturgeschichte II,* Sommersemester 2016.
35 Tolstoj, Lev; zit. nach Dietrich, Wolfgang: *Russische Religionsdenker: Tolstoj, Dostoevski, Solov'ëv, Berdjaev,* S. 24.
36 Zur Biographie vgl. Tolstoj, Lev: *Tagebücher (1847-1910)*, vgl. Kasack, Wolfgang: *Russische Autoren in Einzelporträts*, S. 379-385, vgl. Lauer, Reinhard: *Geschichte der russischen Literatur*, S. 385-409, vgl. Schmid, Ulrich: *Lev Tolstoj.*
37 Vgl. Goerdt, Wilhelm: *Russische Philosophie: Zugänge und Durchblicke*, S. 535.
38 Vgl. Kasack, Wolfgang: *Christus in der russischen Literatur*, S. 92.
39 Vgl. Tornow, Siegfried: *Handbuch der Text- und Sozialgeschichte Osteuropas*, S. 539.

40 Tolstoj, Lev; zit. nach Schmid, Ulrich: *Lev Tolstoj,* S. 18.
41 Vgl. Lauer, Reinhard: *Geschichte der russischen Literatur, S. 393-398.*
42 Tolstoj, Lev: *Krieg und Frieden*; zit. nach Göbler, Frank: *Russische Literaturgeschichte II*, Vorlesung 6, Sommersemester 2016 (unveröffentlicht).
43 Vgl. Lauer, Reinhard: *Geschichte der russischen Literatur,* S. 393-398; vgl. Kasack, Wolfgang: *Russische Autoren in Einzelporträts*, S. 382 f.; vgl. Schmid, Ulrich: *Lev Tolstoj*, S. 19.
44 Vgl. Lauer, Reinhard: *Geschichte der russischen Literatur,* S. 398-402.
45 Vgl. Schmid, Ulrich: *Lev Tolstoj*, S. 15-22 und S. 61-69.
46 Tolstoj, Lev: *Krieg und Frieden*; zit. nach Lauer, Reinhard: *Geschichte der russischen Literatur*, S. 397; vgl. auch Levickij, Sergej: *Russisches Denken: Gestalten u. Strömungen*, Bd. 1, S. 170; vgl. ähnlich Müller, Ludolf: *Die Religion Tolstojs und sein Konflikt mit der Russischen Orthodoxen Kirche*, S. 3.
47 Tolstoj, Lev: *Meine Beichte*, S. 108.
48 Tolstoj, Lev: *Meine Beichte*, S. 110.
49 Tolstoj, Lev: *Meine Beichte*, S. 112.
50 Tolstoj, Lev: *Der Weg des Lebens*; zit. nach Kuße, Holger: *‚Sollen' zwischen Nikolaj Fedorov und Lev Tolstoj. Normformulierungen in der russischen Philosophie*, S. 180.
51 Tolstoj, Lev; zit. nach Schmid, Ulrich: *Lev Tolstoj*, S. 83.
52 Tolstoj, Lev; zit. nach Dietrich, Wolfgang: *Russische Religionsdenker: Tolstoj, Dostoevski, Solov'ëv, Berdjaev,* S. 142.
53 Tolstoj, Lev; zit. nach Dietrich, Wolfgang: *Russische Religionsdenker: Tolstoj, Dostoevski, Solov'ëv, Berdjaev,* S. 143.
54 Vgl. Tolstoj, Lev; zit. nach Dietrich, Wolfgang: *Russische Religions-denker: Tolstoj, Dostoevski, Solov'ëv, Berdjaev,* S. 26.
55 Auch: Solowjow, Solowjew, Solov'ev, Ssolovjeff, Solovioff, Solovjew, Ssolowjew, Soloviev, Solowjoff
56 Vgl. Dahm, Helmut: *Grundzüge russischen Denkens*, S. 9.
57 Deutsche Gesamtausgabe (DG) Ergänzungsband: *Solowjes Leben in Briefen und Gedichten*, S. 42.
58 Vgl. DG VIII, S. 622-631 zur Übersicht über sämtliche Werke Solov'ëvs, die in den drei russischen Gesamtausgaben und in der deutschen Gesamtausgabe (DG) enthalten sind.
59 Vgl. Ivanov, Vladimir: *Russland und das Christentum*, S. 206.
60 Solov'ëv, Vladimir; zit. nach Levickij, Sergej: *Russisches Denken: Gestalten u. Strömungen; Bd. 1 Von den Anfängen bis zu Vladimir Solov'ev*, S. 216.
61 Solov'ëv, Vladimir 1898; zit. nach DG Ergänzungsband: *Solowjes Leben in Briefen und Gedichten*, S. 267-275.
62 DG Ergänzungsband: *Solowjes Leben in Briefen und Gedichten*, S. 15.
63 Vgl. zur Biographie DG Ergänzungsband: *Solowjes Leben in Briefen und Gedichten*; vgl. auch Wenzler, Ludwig: *Daten zu Leben und Werk Vladimir Solov'ëv,* S. XXXVIII-XLIV.
64 Berdjaev, Nikolaj; zit. nach Dietrich, Wolfgang: *Vladimir Solov'ev – Weisheit und Offenheit (Sophia und All-Einheit)*, S. 12.
65 Vgl. Martin, Andreas: *Alleinheit und Vielfalt, Einführung in Leben und Werk von Vladimir Solov'ev.*
66 Dietrich, Wolfgang (Hrsg.): *Russische Religionsdenker: Tolstoj, Dostoevski, Solov'ëv, Berdjaev,* S. 57.
67 Szylkarski, Vladimir: *Solov'evs Philosophie der All-Einheit*, S. XV.
68 Berdjaev, Nikolaj*: Die russische Idee,* S. 169.
69 Vgl. DG Ergänzungsband: *Solowjes Leben in Briefen und Gedichten*, S. 9-17; vgl. Goerdt, Wilhelm: *Russische Philosophie. Zugänge und Durchblicke*, S. 471-476.
70 Ehmer, Manfred: *Die Weisheit des Westens,* S. 339.
71 DG Ergänzungsband: *Solowjes Leben in Briefen und Gedichten*, S. 50.
72 DG Ergänzungsband: *Solowjes Leben in Briefen und Gedichten*, S. 50.

73 DG VI, S. 633. Die Druckfassung entspricht jedoch nicht genau den Vorlesungen, weil Solov'ëv wegen der Redaktion der Zeitschrift Änderungen vornehmen musste. Vgl. hierzu DG Ergänzungsband S. 291.
74 Vgl. Mischer, Jacqueline: *Solov'ëv – Der Sinn der Liebe*, in: *KulturForumWissen 2009*, S. 49-65.
75 DG VI, S. 586 und 633: Brief vom 12.07.1892.
76 DG VI, S. 51; Artikel aus dem *Lexikon Brockhaus-Jefron* (1891-1900), der allerdings in der deutschen Ausgabe fehlt.
77 DG VI, S. 32-36.
78 Nach Nietzsche ist in Thales Aussage „*Das Wasser ist der Ursprung der Dinge.*" der Gedanke „alles ist eins" enthalten. Vgl. Karl, Albert: *Einführung in die philosophische Mystik*, S. 2 f.
79 *Historisches Wörterbuch der Philosophie*, 1. Bd., S. 161.
80 Vgl. *Wörterbuch der philosophischen Begriffe*, 1. Bd., S. 30 und 307; vgl. *Historisches Wörterbuch der Philosophie*, 1. Bd., S. 161: Xenophanes nannte das All-Eine den Gott.
81 Fragment B50; zit. nach Karl, Albert: *Einführung in die philosophische Mystik*, S. 5.
82 Vgl. *Wörterbuch der philosophischen Begriffe*, 1. Bd., S. 308; vgl. ausführlicher zu Plotin: Wolf, Gabriela: *Plotin – Der Weg zur Einheit*, in: *KulturForumWissen* 2009, S. 9-27.
83 Vgl. Herrigel, Eugen: *Zen in der Kunst des Bogenschiessens*
84 Vgl. Henrich, Dieter (Hrsg.): *All-Einheit*, S. 115-135.
85 Vgl. Henrich, Dieter (Hrsg.): *All-Einheit*, S. 151-179.
86 Vgl. DG I, S. 537-750.
87 Vgl. Ehmer, Manfred: *Die Weisheit des Westens*, S. 342-344.
88 Vgl. Sinkler, Lorraine: *Der geistige Lebensweg von Joel S. Goldsmith*
89 Vgl. Lenz, Hans-Joachim: *Das Ende des Dualismus*
90 Vgl. DG I, S. 466, 537, 548, 583, 617, 634 und 665.
91 DG I, S. 548.
92 DG I, S. 576.
93 DG I, S. 637.
94 Vgl. DG I, S. 715.
95 Vgl. DG I, S. 592.
96 Vgl. DG I, S. 621.
97 Vgl. DG I S. 618 und 621 f.
98 DG I, S. 620 f.
99 DG I, S. 684.
100 DG I, S. 678.
101 DG I, S. 678.
102 DG I, S. 647.
103 Vgl. DG I, S. 680-683.
104 Vgl. DG I, S. 677.
105 DG I, S. 674.
106 Vgl. DG I, S. 674.
107 DG I, S. 642.
108 DG I, S. 683.
109 Vgl. DG I, S. 577.
110 DG I, S. 710.
111 DG I, S. 727; vgl. auch DG II, S. 89.
112 DG I, S. 737.
113 DG I, S. 730.
114 DG II, S. 135.
115 DG II, S. 135.
116 DG I, S. 279 f.
117 Vgl. DG I, S. 622.
118 Vgl. DG I, S. 622.
119 DG I, S. 623.
120 DG I, S. 625.
121 DG I, S. 625.

122 DG VI, S. 348.
123 Lenz, Hans-Joachim: *Das Ende des Dualismus*, S. 18.
124 Vgl. DG I, S. 699-702.
125 DG I, S. 478.
126 DG I, S. 688.
127 DG I, S. 688.
128 DG II, S. 88.
129 DG I, S. 603.
130 DG I, S. 664.
131 DG I, S. 283.
132 DG I, S. 703.
133 Vgl. DG I, S. 538 f.
134 Vgl. DG I, S. 538 f.
135 Solov'ëv, Vladimir 1892: zit. nach Radloff, Eugen von: *Russische Philosophie*, S. 81.

„Heute hab' ich mit Augen gesehen
Ganz in Lichtglanz die Königin mein,
Und das Herz blieb vor Jubel mir stehen.
In des goldenen Morgenrots Schein
Ist das himmlische Wunder geschehen.
Alle Erdenlust spürt ich vergehen,
Sah nur sie, sah nur sie, sie allein."

Vladimir Solov'ëv 1875

8 Die erste Hälfte des 20. Jahrhunderts

8.1 Historisches

Nach dem verlorenen Krieg gegen Japan (1904/1905) wuchs in Russland der Widerstand gegen den Zaren. An einem Sonntag, den 9. Januar, im Jahre 1905 gingen 100.000 Arbeiter auf die Straße, angeführt von dem Priester Georgij Gapon, und marschierten mit Ikonen und Zarenbildern bis zum Winterpalast. Sie wollten Nikolaj II. (1868-1918) eine Bittschrift überbringen, in der sie eine verfassungsgebende Versammlung, fruchtbares Land für die Bauern und bessere Lebensbedingungen für die Arbeiter forderten. Die Armee jedoch schoss in die Menge, viele Tote waren die Antwort. Es folgten Streiks, Bauernaufstände und terroristische Anschläge. Der Zar ließ Militärtribunale einrichten, die mit den Terroristen „kurzen Prozess" machten. Nach dem großen Streik im Oktober 1905 erließ Nikolaj II. ein Manifest, mit dem u. a. eine gewählte Volksvertretung (Staatsduma) eingerichtet werden sollte, grundsätzliche bürgerliche Freiheiten, wie Versammlungs- Rede-, Presse- und Koalisationsfreiheit, gewährt sowie das Wahlrecht erweitert wurden. Der Scheinkonstitutionalismus[1] führte aber erneut zu Unruhen. Durch die Agrarreform im Jahre 1906, von dem Innenminister und Ministerpräsidenten P. A. Stolypin initiiert, wurden allmählich die Bauerngemeinden, die als juristische Personen Land besaßen, abgeschafft und das Land individuell an die Bauern verteilt. Während des ersten Weltkrieges (1914-1918) schwand das Vertrauen in den Zaren. Die Menschen, vor allem in den Städten, hungerten und gingen wiederum auf die Straße und machten Aufstände. Im März 1917 musste Nikolaj II. abdanken. Eine provisorische Regierung übernahm die Führung des Landes. Das Zarenreich wurde zur Republik. Der russische bolševistische Revolutionär Vladimir I. Lenin (1870-1924) kehrte im Frühjahr aus dem Schweizer Exil zurück, mobilisierte mit seiner Parole *„Alle Macht den Räten!"* das Volk und setzte im Herbst 1917 die bürgerliche provisorische Regierung ab. Mit dieser so genannten Oktoberrevolution begann auf russischen Boden der Sozialismus, der über 70 Jahre lang andauerte.[2]

1900
Rimskij-Korsakov
Das Märchen vom Zaren Saltan
(Oper)

Seit dem Ende des 19. Jahrhunderts bis zum Jahre 1917 erblühte die Kultur in Russland. Diese „geistige Renaissance" erfasste alle Ebenen, wie die Literatur (Symbolismus, Akmeismus und Futurismus), die bildende Kunst, die Musik, das Theater und Ballett, die Wissenschaft, Philosophie und Religion. Die Epoche wird auch „Silbernes Zeitalter" [3] benannt, das jedoch als Gesamtphänomen noch nicht ausreichend erforscht ist. In Bezug auf die Philosophie wird sogar von einem „Goldenen Zeitalter" gesprochen.[4] Im Jahre 1922 veranlasste Lenin, dass alle nicht staatskonformen Denker das Land verlassen muss-

V. Kandinskij (1866-1944)
A. v. Javlenskij (1864-1941)
M. Chagall (1887-1985)
A. Skrjabin (1872-1915)
S. Rachmaninov (1873-1943)
I. Stravinskij (1882-1971)

ten. Wer sich entschied dennoch zu bleiben, musste das von Lenin verbreitete Gedankengut bekennen oder wurde verhaftet, in ein Arbeitslager verbannt und / oder erschossen.[5]

8.2 Pável A. Florénskij (1882-1941)

8.2.1 Leben und Werk

1904
Rimskij-Korsakov
Die Legende von der unsichtbaren Stadt Kitež und der Jungfrau Fevronja
(Oper)

Der russische Mathematiker, Physiker, Naturforscher, Philosoph, Theologe, Archäologe, Mystiker, Dichter und Historiker Pavel Florenskij wurde im Jahre 1882 in Evlach im heutigen Azerbajdzan geboren. Aufgrund seiner vielseitigen Forschungen wird er auch „russischer Leonardo de Vinci" genannt. Pavels russischer Vater war ein Brücken- und Straßenbauingenieur. Seine armenische Mutter stammte aus einer adligen Familie. Beide Elternteile waren sehr gebildet. Schon als Kind erforschte Pavel die Natur, indem er geologische, meteologische, zoologische und physikalische Untersuchungen durchführte und im Keller des Elternhauses ein Laboratorium und ein Naturalienkabinett einrichtete. Da in seiner Familie nicht über religiöse Themen gesprochen wurde, begriff Pavel die Welt zunächst aus einer materialistischen Sicht. Aber nach einer geistigen Krise fand er – vor allem durch die Schriften von Lev Tolstoj – zu einem anderen, religiösen Verständnis von dem Menschen und der Welt.

Abb. 25: Pavel A. Florenskij
Quelle: Wikimedia Commons

Ab dem Jahre 1900 studierte Florenskij Mathematik und nebenbei auch Philosophie an der Universität in Moskau. Zum Erstaunen seiner Mitmenschen lehnte er nach dem erfolgreichen Abschluss seines Studiums einen ihm angebotenen Lehrstuhl ab und studierte bis zum Jahre 1908 Theologie an der Geistlichen Akademie in Sergiev Posad (heute: Zagorsk). Danach lehrte er Geschichte der Philosophie am gleichen Institut bis es nach der Oktoberrevolution geschlossen wurde. Während dieser Zeit schrieb Florenskij sein theologisches Hauptwerk *Die Pfeiler und die Grundfeste der Wahrheit* (1914), in dem er auch seine Sophia-Lehre dargestellt hat. Im Jahre 1910 heiratete Pavel die Bauerntochter Anna M. Giacintova (1889-1973), mit der er fünf Kinder zeugte. Ein Jahr später wurde er zum orthodoxen Priester geweiht.

Nach der Machtübernahme durch die Bol'ševiki widmete sich Florenskij kunst- und naturwissenschaftlich-technischen Arbeiten. Er hielt Vorlesungen zu Physik, Astronomie und Mathematik. In den Jahren 1921-1924 war er Inhaber des Lehrstuhls für Raumanalyse in Kunstwerken an den Höheren künstlerisch-technischen Werkstätten in Moskau. Florenskij wandte sich auch Ikonen zu und erarbeitete ein grundlegendes Werk über Ikonenmalerei: *Die Ikonostase* (1922). Es wurde erst 50 Jahre später veröffentlicht. Sein besonderes Interesse galt auch den Symbolen und der Sprachphilosophie.

Ab dem Jahre 1920 wirkte Florenskij als Spezialist für Elektrotechnik bei der Elektrifizierung der Sowjetunion mit. Vier Jahre später wurde er zum Professor für Physik ernannt. Noch bis 1930 trug er in der Öffentlichkeit sein Priestergewand und das Brustkreuz, aber in den 1930er Jahren begann die Presse ihn öffentlich zu verleumden und zu erniedrigen. Bald darauf wurde Florenskij verhaftet und in ein Arbeitslager nach Sibirien verbannt. Seine Bibliothek in Moskau, in der sich Bücher, Materialien, Entwürfe und in Arbeit befindliche Manuskripte befanden, wurde beschlagnahmt, was ihn härter traf als der Tod. Zwar konnte Florenskij sich im Arbeitslager mit wissenschaftlichen Themen beschäftigen, wie der Erforschung des Dauerfrostbodens oder der Gewinnung von Jod und Agar-Agar aus Seetang, aber im Jahre 1937 wurde er erneut verurteilt und das Arbeitslager in ein Strafgefängnis umgewandelt. Seit diesem Jahr liegen keine weiteren Nachrichten von ihm vor. Teils wird sein Tod offiziell mit 1937 angegeben, aber auch später mit 1943. Vermutlich starb Florenskij im Jahre 1941.[6]

Neben seinen wissenschaftlich-technischen Arbeiten sind u. a. Schriften zur Philosophie und Theologie entstanden, wie z. B.

- *Der Pfeiler und die Grundfeste der Wahrheit. Versuch einer orthodoxen Theoizee in zwölf Briefen* (1914)
- *An den Wasserscheiden des Denkens* (geschrieben 1917-1922; dt. 1991)
- *Die Ikonostase* (geschrieben 1922; dt. 1988)
- *Christentum und Kultur* (dt. 2004)
- *Denken und Sprache* (dt. 1993)
- *Namen* (dt. 1994)
- *Raum und Zeit* (dt. 1997)
- *Die umgekehrte Perspektive*
- *Das Salz der Erde*

1904
Čechov
Der Kirschgarten
(Drama)

Im Folgenden wird auf drei zentrale Aspekte der Forschungen von Florenskij eingegangen: Wahrheit, Sophiologie und Symbolik.

8.2.2 Philosophie und Theologie

Die **Wahrheit** erforschte Florenskij in bevorzugter Weise und legte die Ergebnisse z. B. in seiner Dissertation *Über die religiöse Wahrheit* (1908) und in seinem Hauptwerk *Der Pfeiler und die Grundfeste der Wahrheit* (1914) dar. In diesem fasst er am Ende zusammen: *„Der Pfeiler der Wahrheit ist die Kirche, die Zuversicht, das geistige Gesetz der Identität, die große Tat, die göttliche Einheit in drei Hypostasen, das Licht Tabors, der Heilige Geist, die Keuschheit, Sophia, die Unberührte Jungfrau, die Freundschaft – abermals die Kirche."* [7] Es ist zu erkennen, dass die Theologie dieses Werk beeinflusst hat. Alle diese

Punkte sind für Florenskij Wahrheit, die erkannt werden kann, wenn „[. . .] *durch die leuchtenden Risse des menschlichen Verstandes hindurch das Blau der Ewigkeit sichtbar wird.*" [8]

Über die **Sophia** schreibt Florenskij im 10. Brief seines Hauptwerkes *Der Pfeiler und die Grundfeste der Wahrheit*. Es werden im Folgenden nur drei Aspekte der Sophia-Lehre von Florenskij erörtert:

- Sophia als das eine große „Wesen" am Anfang
- Sophia als Geist
- Sophia als die Menschheit

Florenskij geht davon aus, dass am Anfang ein Wesen ist mit der Selbst-Identität „ICH". Der Anfang wird von Liebe durchströmt. Aus diesem entspringt nach Florenskij das Leben. Ähnlich sieht es Lenz: „*LEBEN ist der Hauch des Anfangs, das Wehende* [. . .]" [9] Da LEBEN mit dem ICH identisch ist, besteht nach Florenskij eine Einheit aus dem LEBEN und dem einen Wesen am Anfang: „[. . .] *die Einheit* [. . .] *ist ein mystisches Produkt des Lebens, aber das Sein – ein Produkt der Einheit* [. . .]" [10] Aus der Einheit vollzieht das LEBEN den Schritt in das SEIN und sagt: „ICH BIN." [11] Florenskij erläutert die einzelnen Schritte so: „*Die Liebe Gottes, die dieses Wesen durchströmt – das ist der schöpferische Akt, durch den es erstens das Leben, zweitens die Einheit und drittens das Sein erhält.*" [12] Zum Sein sagt Florenskij weiter: „[. . .] *das wahre Sein ist die substantielle Beziehung zum anderen und die Bewegung in sich – sowohl Einheit gebend als auch aus der Einheit des Seins hervorgehend. Aber jede Monade existiert nur, sofern sie die Göttliche Liebe zu sich heranlässt* [. . .]" [13]

1905
Rachmaninov
Francesca da Rimini op. 25
(Oper)

Wenn Monade als Quant gesehen wird, sind darin alle Informationen enthalten. Lenz beschreibt es so: „*Und das SEIENDE ist alles, alle Substanz, aus der ICH eine Welt erschaffen hat – man kann auch sagen, alle Ideen, alle Informationen oder einfach Geist schlechthin.*" [14] Florenskij stellt an anderer Stelle fest: „*so ist die Sophia der Geist.*" [15] Der Anfang, das ICH, die Liebe, das LEBEN, das SEIN, der Geist, also das eine große Wesen, nennt Florenskij Sophia: „*Dieses „Große Wesen" ist* [. . .] *ein wahrhaft großes – es ist die verwirklichte Göttliche Weisheit, ‚Chochma' (hebr.),* Σοφία *Sophia oder die Allweisheit.*" [16]

Für Florenskij ist Sophia noch mehr, aber die Aspekte sind im Prinzip Gott / Geist. Und auch im Menschen ist Sophia, weil der Mensch das Ebenbild des Anfangs ist: „*Als ewige Braut des Göttlichen Wortes hat sie außerhalb Seiner und unabhängig von Ihm kein Sein und zerfällt in die Vielheit der Ideen von der Kreatur; in Ihm aber erhält sie die schöpferische Kraft. In Gott alleinig ist sie vielfältig in der Kreatur und wird hier in ihren konkreten Erscheinungen wahrgenommen als ideale Persönlichkeit des Menschen* [. . .]" [17] Und alle Menschen bilden die Menschheit, die im Ganzen für Florenskij auch Sophia ist: „*Wenn die Sophia alle Kreatur ist, so sind Seele und Gewissen die Menschheit, die Sophia par excellence.*" [18] Levickij hebt hervor, dass gemäß Florenskij „*man die Kreatur überhaupt nur über die Sophia als Mutter der Schöpfung lieben könne.*" [19]

Auch war Florenskij fasziniert von der Welt der **Symbole** und versuchte ihre Bedeutung und Entstehung zu ergründen. In einem Brief vom 18.06.1904 an den russischen Symbolisten Andrej Belyj erläutert er: „[. . .] *ein Symbol ist nicht etwas Bedingtes, das wir nach Lust und Laune hervorbringen. Symbole werden vom Geist nach innerer Notwendigkeit gebildet, und dies vollzieht sich jedesmal, wenn bestimmte Seiten des Geistes besonders zu wirken beginnen. Das Symbolisierende und das Symbolisierte werden nicht zufällig miteinander verknüpft. Historisch lassen sich Parallelen in der Symbolik unterschiedlicher Völker und unterschiedlicher Zeiten nachweisen."* [20] Sein Ziel war es, Symbole in der Wissenschaft, Kunst, im Mythos und Ritus zu erforschen und zu vergleichen sowie eine universale Theorie der Kultur bzw. eine synthetische, ganzheitliche Weltanschauung zu entwerfen. Sein Projekt *Symbolarium* hat er aber nur mit einem einzigen Symbol, dem Punkt, abgeschlossen.[21]

1910-13
Stravinskij
Der Feuervogel, Petruška, Le Sacre du Printemps
(Ballette)

8.3 Sergéj N. Bulgákov (1871-1944)

8.3.1 Leben und Werk

Als Sohn eines orthodoxen Priesters wurde Sergej N. Bulgakov im Jahre 1871 in Livny im Gouvernement Orël geboren. Zunächst besuchte er eine geistliche Schule, verlor dort aber die Nähe zu Gott und wechselte mit 16 Jahren auf ein weltliches Gymnasium. Im Anschluss daran studierte Sergej Volkswirtschaftslehre an der Universität in Moskau und begeisterte sich für den Marxismus. Aufgrund seiner sehr guten Leistungen arbeitete er nach dem Abschluss seines Studiums am Lehrstuhl für Politische Ökonomie und Statistik.
Im Jahre 1898 reiste Bulgakov für zwei Jahre nach Deutschland, Frankreich und England, um dort zu forschen. Während dieser Zeit beschäftigte er sich auch mit Klassikern der Philosophie. [22] Als begeisterter Marxist traf Sergej sich mit den Führern der deutschen Sozialdemokraten August Bebel, Karl Kautsky und Karl Liebknecht. Als er in Dresden Raffaels Sixtinische Madonna besichtigte, erlebte er etwas Außergewöhnliches: *„Die Augen der Himmelskönigin, welche mit dem göttlichen Kinde auf den Wolken einherschritt, schauten mir in die Seele.* [. . .] *Ich vergaß meiner, mir wurde schwindelig, aus den Augen quollen Tränen, freudig und bitter zugleich, und mit ihnen schmolz das Eis, das mein Herz umgab, und es entwirrte sich gleichsam das Knäuel*

Abb. 26: Die Philosophen P. A. Florenskij und S. N. Bulgakov von M. Nesterov (1917)
Quelle: Wikimedia Commons

meines Lebens. Das war keine ästhetische Aufwallung, nein, das war eine Begegnung, eine neue Erkenntnis, ein Wunder [. . .] *Ich (damals Marxist!) nannte, was ich geschaut, unwillkürlich Gebet* [. . .]" [23] Dieses Erlebnis initiierte beim ihm eine innere Wende *„vom Marxismus zum Idealismus"*. Auch Werke von Dostoevskij und Solov'ëv bewegten ihn zutiefst. Im Jahre 1900 schloss Bulgakov seine Dissertation *Kapitalismus und Landverteilung* ab und 12 Jahre später wurde mit einer Habilitation die Lehrbefähigung erteilt. Politische Ökonomie lehrte er an den Universitäten in Kiev (1901-1906) und in Moskau (1906-1911 und 1917-1918).

Abb. 27: Sergej N. Bulgakov
Quelle: Wikimedia CC0 1.0

1917
Prokof'ev
Der Spieler
(Oper nach Dostoevskijs Roman)

Durch die Freundschaft mit Pavel Florenskij, der ihn sehr beeinflusste, wandte sich Bulgakov verstärkt der Theologie zu und wurde im Jahre 1918 zum orthodoxen Priester geweiht. Infolgedessen verlor er seinen Lehrstuhl und ging auf die Halbinsel Krim, wo er als Theologe an der Universität in Simferopol unterrichtete. Nachdem die Bol'ševiki die Krim erobert hatten, musste Bulgakov seine Lehrtätigkeit einstellen. Bald darauf wurde er verhaftet und musste im Jahre 1923 das Land verlassen. Nach Aufenthalten in Konstantinopel und Prag nahm er das Angebot an, als Professor für Theologie an dem neu errichteten Institut de Théologie Orthodoxe Saint-Serge in Paris zu lehren und war dort bis zu seinem Tode als Dekan tätig. Nachdem durch Lenin per Dekret vom 23.01.1918 alle kirchlichen Lehranstalten geschlossen wurden, war dieses Institut bis zum Jahre 1944 die einzige russische theologische Hochschule.[24]

Bulgakovs Sophia-Lehre wurde von der russischen Kirche im Ausland zu Karlovitz und der Kirche des Moskauer Patriarchats (1935) als „häretisch" verurteilt, weil er Sophia als vierte Person innerhalb der Trininität „Vater – Sohn – Heiliger Geist" darstellte. Der Rektor des Pariser orthodoxen Institutes, Metropolit Evlogij, jedoch stand auf seiner Seite. Nachdem eine Kommission den Vorgang untersuchte und Bulgakovs Lehrbefugnis bestätigte, konnte verhindert werden, dass er seines Amtes enthoben wurde. Die Kommission entschied: Bulgakovs Sophiologie *„dürfe als freie und diskutable theologische Meinung angesehen werden."* [25] Nach einer Kehlkopfoperation im Jahre 1939 konnte Bulgakov kaum noch sprechen und starb fünf Jahre später in Paris.[26]

Bulgakov verfasste bis zum Jahre 1918 ökonomische Werke mit insgesamt 1000 Seiten, zwischen 1903-1925 philosophische Werke mit insgesamt 3006 Seiten und zwischen 1927-1944 theologische Werke mit insgesamt 3920 Seiten.[27] Zu seinen wichtigsten philosophischen und theologischen Schriften gehören:

- *Vom Marxismus zum Idealismus* (1903)
- *Weltliches und geistliches Heldentum* (gegen den Marxismus der russischen Intelligenz), in der Sammlung *Wegzeichen* (1909)
- *Philosophie der Wirtschaft* (1912)
- *Das unvergängliche Licht* (1917)
- *Stille Gedanken* (1918)
- *Betrachtungen über Religion, Kunst, Philosophie* (1918)
- *Auf dem Gastmahl der Götter* (1918)
- *Der Mensch und das Menschtier* (1922)
- *Die Tragödie der Philosophie* (1927)
- *Erste sophiologische Triologie*
  - *Der unverbrennbare Dornbusch. Mariologie* (1927)
  - *Der Freund des Bräutigams. Über Johannes den Täufer* (1929)
  - *Die Jakobsleiter. Lehre von den Engeln* (1929)
- *Was ist das Wort* (1930)
- *Die Orthodoxie* (1932)
- *Die Weisheit Gottes. Grundzüge der Sophiologie* (1937)
- *Zweite sophiologische Triologie*
- *Das Lamm Gottes. Christologie* (1933)
  - *Der Tröster. Pneumatologie* (1936)
  - *Die Braut des Lammes. Ekklesiologie und Eschatologie* (1945)
- *Autobiographische Aufzeichnungen* (1946)
- *Die Apokalypse des Johannes* (1948)
- *Philosophie des Namens* (1953)
- *Dialog zwischen Gott und Mensch* (1962)

1922
Gründung der Sowjetunion

8.4.2 Philosophie und Theologie

Die Grundzüge seiner Lehre von der **Weisheit Gottes (Sophia)** schrieb Bulgakov in dem Werk *Das abendlose Licht* (1917) nieder. Nach zehn privaten Seminaren, die er in Paris zu diesem Thema leitete, formulierte er im Jahre 1928 wesentliche Punkte seiner Sophiologie:

1. *„Sophia, die göttliche Weisheit, ist die Lebensoffenbarung des dreieinigen Gottes, die offenbarte Natur Gottes und in diesem Sinne der göttliche Ruhm. Sophia gehört als Selbstoffenbarung des Göttlichen der ganzen Hl. Dreieinigkeit an.*
2. *Sophia verfügt über kein eigenes hypostatisches Sein, sondern hypostatisiert sich selbst aus jeder der göttlichen Hypostasen.*
3. *Als göttliches Leben „in actu" ist Sophia jene Energie, die die göttliche ousia oder das Wesen Gottes offenbart, sie erscheint in der Welt als verborgene und sich öffnende Tiefe des göttlichen Lebens, seiner Kraft und Idee.*
4. *Sophia, die Energie, ist Gott, aber nicht im Sinne eines Subjektes, sondern eines Prädikats.*
5. *Gott erschafft die Welt durch Weisheit oder in Weisheit."* [28]

In seiner ersten und zweiten sophiologischen Triologie (1927-1945) hat Bulgakov die Sophiologie explizit herausgearbeitet. In der Schrift *Die Weisheit Gottes. Grundzüge der Sophiologie* (1937), die zuerst in englischer Sprache erschien, erläutert er sie speziell für westeuropäische Leser. Im Folgenden wird sich auf einige Aspekte dieser Schrift bezogen.

1928
Šostakovič (Schostakowitsch)
Die Nase,
Oper nach Gogols Erzählung

Die Sophia-Lehre von Bulgakov basiert darauf, dass der Anfang in der Welt anwesend ist. Er erläutert zunächst die Quellen im Alten und Neuen Testament, die der Lehre von der Sophia zu Grunde liegen. Prinzipiell ist die Weisheit eine **Eigenschaft**, eine **Qualität** (oder ein **Prinzip)**. Nachweise finden sich hierzu in *Das Buch der Sprichwörter* (*Sprüche Salomons):* Spr 1,7 „*Die Ewige ehren und achten ist Anfang der Einsicht; Weisheit und Bildung verachten nur Dumme.*"; auch in Spr 1,22-23; 2,6; 2,10; 3,13-20; 4,5; 5,1; 7,4 und 9,10 sowie im *Neuen Testament* in 2 Petr 3,15; Röm 11,33; 1 Kor 1 19.20-30; Eph 1,17 und 3,10; Kol 1,9.28; 2.3; 3,16; Offb 5,12: Sie sagten mit lauter Stimme: „*Würdig ist das Lamm, das geschlachtet wurde, Macht und Reichtum, Weisheit und Stärke, Ehre, Ruhm und Lobpreis zu empfangen!*" und Offb 7,12: „*Amen, Segen und Ruhm, Weisheit und Dank, Ehre, Macht und Kraft unserem Gott in alle Ewigkeiten!*"

Des Weiteren wird die Weisheit auch als göttliches Wesen bzw. **weibliche Gestalt** im *Alten Testament* und in deuterokanonischen Schriften (Apokryphen) beschrieben, wie in

- *Das Buch der Sprichwörter* (Sprüche Salomons; Spr)
  - Spr 8,2-31
  - Spr 1, 20-23: „*Die Weisheit ruft laut auf der Straße* [. . .] *Wendet euch um zu meiner Ermahnung! Seht her ich werde meine Geistkraft über euch ausgießen, und meine Worte werde ich euch verkünden* [. . .]" An dieser Stelle sei angemerkt, dass „Geistkraft" im Hebräischen „ruach" heißt und weiblichen Geschlechts ist.
  - Spr 9,1-4 „Die Weisheit hat ihr Haus gebaut und ihre sieben Säulen [. . .]"
- *Das Buch Hiob:* Hiob 28,20-27
- *Das Buch der Weisheit* (Weisheit Salomons) Kap. 1, 5, 8 sowie Weish 7, 21
- *Das Buch Jesus Sirach:*
  - Sir 1,8-10: „[. . .] sie sitzt auf ihrem Thron: Die Ewige selbst hat die Weisheit hervorgebracht, sie sah sie, zählte sie und goss sie aus über all ihre Werke. *Bei allen Menschen findet sie sich, je nachdem wie viel ihnen gegeben wurde* [. . .]"
  - Sir Kap. 24: Lob der Weisheit

Bulgakov weist daraufhin, dass die Weisheit auch **christologisch** gesehen wird, wie z. B. in 1 Kor 1,24: „*Denen, die von Gott gerufen werden, ob jüdische oder nichtjüdische Menschen, verkörpert der Messias göttliche Macht und göttliche Weisheit.*" [29]

Die Trininität (Dreifaltigkeit, Dreieinigkeit) „Vater – Sohn – Heiliger Geist" wurde im 4. bis zum 7. Jahrhundert als Dogma von der Kirche festgeschrieben. Für Bulgakov ist Gott daher „Vater – Sohn – Heiliger Geist", wobei alle drei Personen unterschiedlich, aber wesensgleich sind, also ein Wesen sind oder eine Natur haben (ousia).[30] Außerdem schreibt Bulgakov in dem Werk *Das abendlose Licht*, dass alles aus dem Nichts geschöpft wurde / wird. Das Nichts geht vom Zustand des Uk-on (Unfruchtbarkeit) in den Zustand des Meon (Schwangerschaft), der für Bulgakov mütterlich ist: *„Das Meon als Möglichkeit der Möglichkeit ist die allgemeine Mutter des Seins, durch deren Schoß jegliches Sein hindurchgeht* [. . .] *Dem Meon gehört daher der ganze Reichtum und die ganze Fülle des potentiellen, wenn auch nicht offenbarten Seins."* [31]

Sophia stellt für Bulgakov eine Gottheit von Gott dar: *„Der dreifaltige Gott hat eine Gottheit – die Sophia, und zwar in einer Weise, dass sie jeder der drei Personen der Hl. Dreifaltigkeit entsprechend ihren hypostatischen Eigenschaften gehört (ganz in dem Sinne wie die Ousia)."* [32] Was meint er damit? Vielleicht eine Gestalt des Anfangs? Jedenfalls ist Sophia, wie alle drei Personen der Trinität, von Liebe durchströmt: *„Aber auch ihr eigenes Sein kann in Bezug auf die Hypostasen nicht nur durch eine passive Zugehörigkeit definiert werden, sondern es ist ebenfalls Liebe* [. . .]*."* [33]

1934
Rachmaninov
Paganini-Rhapsodie op. 43

Da der Mensch ein Ebenbild Gottes ist, ist Sophia in dem Menschen und somit auch in allen Menschen. Auf der geistigen Ebene sind alle Menschen aufgrund des Ebenbildes eine Einheit. Bulgakov nennt es Sophia und meint Gott, die All-Einheit: „[. . .] *die Sophia ist auch sein ewiges Leben, die Gesamtheit und die Einheit all seiner „Attribute."* [34] oder am anderen Ort: *„Die göttliche Sophia als Offenbarung des Logos enthält die ganze Fülle der idealen Welt, die All-Einheit."* [35] Sophia ist für ihn – wie für Solov'ëv – die Einheit, die Gott ist, die Liebe ist: *„Diese Einheit von allem mit allem und in allem ist die innere Kraft der göttlichen Liebe."* [36] Aber SOPHIA bleibt als göttliches Prinzip der Geist, der auch Gestalt annehmen kann und in allem enthalten ist.[37]

8.4 Nikoláj A. Berdjáev (1874-1948)

8.4.1 Leben und Werk

Der russische Philosoph Nikolaj Berdjaev wurde im Jahre 1874 im Gouvernement Kiev in eine adlige Familie geboren. Mit 14 Jahren schon interessierte sich Nikolaj für Philosophie und las Kant, Schopenhauer, Hegel und Dostoevskij. Nach einer Zeit in der Kadettenschule und im Pagenkorps studierte er Jura an der Universität in Kiev. Da Nikolaj an Studenten- und Arbeiterdemonstrationen teilnahm sowie sozialdemokratisch aktiv war, wurde er verhaftet, von der Universität ausgeschlossen und für drei Jahre in den Norden Russlands verbannt. Als Berdjaev nach Kiev zurückkehrte, arbeitete er in der Redaktion der Zeitschrift *Der neue Weg* und gab zusammen mit Sergej Bulgakov im Jahre 1905 die Zeitschrift *Fragen des Lebens* heraus. Im selben Jahr reiste er nach Deutschland und studierte in Heidelberg Philosophie. Zwei Jahre später siedelte er nach Moskau und war in der Redaktion der Zeitschrift *Der Weg* tätig. Kurz darauf erschienen seine Bücher *Philosophie der Freiheit* (1911) und *Der Sinn des Schaffens* (1916). In seinem Werk *Ersticker des Geistes* kritisierte Berdjaev den Heiligen Synod, die oberste Behörde der russischen orthodoxen Kirche, und wurde verhaftet. Wegen des ersten Weltkrieges und der Revolution im Jahre 1917 wurde das Urteil „lebenslange Verbannung" nicht verkündet und nicht vollstreckt.

Im Jahre 1919 gründete Berdjaev die „Freie Akademie für geistige Kultur" und lehrte an der Moskauer Universität Philosophie bis er verhaftet und des Landes verwiesen wurde.
Ihm wurde gedroht, er würde, wenn er zurückkäme, erschossen. In diesem Konflikt suchte Berdjaev den Rat eines Starec, Vater Alexej Mečev, welcher zu ihm sagte: *„Sie müssen fahren* [. . .] *der Westen muß es hören, was Sie zu sagen haben – er muß Ihr Wort vernehmen!"* [38] Schließlich reiste Berdjaev mit dem „Philosophendampfer" aus seinem Heimatland, ließ sich in Berlin nieder und gründete eine religion-philosophische Akademie. Ab dem Jahre 1924 wohnte er in Clamart, einem Vorort von Paris, und leitete dort seine Akademie, gründete die Zeitschrift *Der Weg* neu und veröffentliche viele Bücher und Artikel. Mit dem zeitkritischen Werk *Das neue Mittelalter* wurde Berdjaev im westlichen Europa sehr bekannt. Kurz vor seinem Tode verlieh ihm die Universität in Cambridge die Ehrendoktorwürde. Berdjaev starb im Jahre 1948 an seinem Schreibtisch beim Arbeiten.[39]

1936
Prokof'ev
Peter und der Wolf
(Sinfonisches Märchen für Kinder)

Abb. 28: Nikolaj A. Berdjaev
Quelle: Wikimedia Commons

Seine **Werke** umfassen über 100 Bücher und Artikel, zu denen zum Beispiel folgende Werke gehören:[40]

- *Subjektivismus und Individualismus in der Gesellschaftsphilosophie* (1901)
- *Die Philosophie der Freiheit* (1911)
- *Der Sinn des Schaffens* (1916; dt. 1927)
- *Die Philosophie der Ungleichheiten* (1918)
- *Der Sinn der Geschichte* (1923; dt. 1925)
- *Das neue Mittelalter* (1924; dt. 1927)
- *Die Weltanschauung Dostoevskijs* (dt. 1925)
- *Die Philosophie des freien Geistes* (1927; dt. 1930)
- *Über die Bestimmung des Menschen* (1931)
- *Das Schicksal des Menschen in unserer Zeit* (1931; dt. 1935)

- *Das Ich und die Welt der Objekte* (1934, dt. 1951)
- *Die russische religiöse Idee* (1936)
- *Die menschliche Persönlichkeit und die überpersönliche Werte* (dt. 1937)
- *Von des Menschen Knechtschaft und Freiheit* (1939)
- *Der Mensch und die Technik* (dt. 1943)
- *Existentielle Dialektik des Göttlichen und des Menschlichen* (1947)
- *Geist und Wirklichkeit* (dt. 1949)
- *Selbsterkenntnis. Versuch einer philosophischen Autobiographie* (1949; dt. 1953)
- *Das Reich des Geistes und das Reich des Caesar* (dt. 1952)

8.4.2 Philosophie

Der Mensch, seine Freiheit und sein schöpferisches Schaffen betrachtet Berdjaev als die essentiellen Themen seines Lebens.[41] Vor allem die *Vorlesungen über das Gottmenschentum* von Solov'ëv beeinflussten Berdjaev so sehr, dass der Mensch als Ebenbild Gottes zum Gegenstand seiner philosophischen Betrachtungen wurde. Er schreibt: „*Die Idee des Gottmenschentums kam mir besonders nahe, und nach wie vor halte ich sie für die fundamentale Idee des russischen religiösen Denkens.*" [42] Zwar stimmte er nicht vollumfänglich mit Solov'ëv überein, aber der Mensch, wie die Genesis ihn darstellt, ist für Berdjaev von großer Bedeutung. So hebt er hervor: „[. . .] *wahrt euer Menschenantlitz; es ist das Ebenbild Gottes! Die niedere Meinung von den Menschen, die durch unsere Epoche sehr genährt wird, vermag meine hohe Auffassung von der Idee des Menschen, von der göttlichen Idee vom Menschen nichts ins Wanken zu bringen.*" [43]

1939-1945
Zweiter Weltkrieg

Berdjaev setzt sich mit dem Thema Mensch und Maschine intensiv auseinander. Resümierend vertritt er die These: „*Anstelle einer organischen Kultur begann die Menschheit, eine mechanische Zivilisation zu schaffen, deren Tendenz an sich antireligiös und antipersonalistisch ist. Anstelle eines* [. . .] *Ebenbildes Gottes wird der Mensch zum Bild und Ebenbild der seelenlose Maschine.*" Und weiter: „[. . .] *die Zivilisation entfaltet gewaltige technische Energien, die eigentlich dem Menschen die Natur verfügbar machen sollten, aber sie beherrschen den Menschen, machen ihn zum Sklaven, töten seine Seele; in der kolossalen technischen Zivilisation sind gleichsam alle Dämonen losgelassen und rächen sich am Menschen.*" [44]

Der Mensch wird sich, so Berdjaev, in der Zukunft auf einer höheren Ebene entfalten. Wenn er von Sünden befreit sei, würde der Mensch in eine neue Epoche des Schaffens eintreten. Berdjaev betont: „*Das Ziel des Menschen besteht nicht in der Erlösung, sondern im Schaffen.*" [45] Hierfür war er selbst ein herausragendes Beispiel. Er hat kein philosophisches System hinterlassen. Sein Denken war intuitiv, er schrieb das auf, was in seinem Geist aufblitzte: „*Mein Denken vollzog sich nicht als Abstrahieren vom Konkreten* [. . .] *Ich habe ge-*

strebt [. . .] *nach Vertiefung des Konkreten* [. . .] *Das bedeutet, daß mein Denken intuitiv und synthetisch ist. Im Einzelnen und Konkreten habe ich das Universale erschaut. So handle ich auch im alltäglichen Leben. Für mich gibt es eigentlich keine getrennten Fragen der Erkenntnis. Es gibt nur eine Frage und eine Sphäre des Erkennens. In allem Detaillierten, Einzelnen, Abgesonderten sehe ich das Ganze, den ganzen Sinn des Kosmos."* [46] Die so entstandenen Texte überarbeitete er kaum. Deshalb ist sein Stil eher außergewöhnlich. Berdjaev ist mit Solov'ëv einer der bekanntesten russischen Philosophen im westlichen Europa, von den literarischen Giganten Dostoevskij und Tolstoj abgesehen.

8.5 Zusammenfassung

1941
Prokof'ev
Krieg und Frieden
(Oper nach L. Tolstojs Roman)

Pavel Florenskij forschte sehr vielseitig. Seine Werke zeigen eine intensive Reflexion zur Wahrheit, Sophia und Symbolen, verbunden mit einer ganzheitlichen Betrachtung. Florenskij hat Sophia als das eine große Wesen am Anfang gesehen.

Sergej Bulgakov vollzog eine Wende vom Marxismus zum Idealismus bis hin zur Theologie. Auch er beschäftigte sich intensiv mit Sophia. Der Anfang in Form des Meon, eines Zustandes des Nichts, ist für ihn mütterlich.

Nikolaj Berdjaev's Forschungen zum Menschenbild stehen in der Tradition des Menschen nach der Genesis, des Gottmenschen und dem Bild vom Menschen in der Ostkirche.

---

1 Konstitutionalismus ist eine Regierungsform mit verfassungsmäßiger Festlegung der Rechte und Pflichten der Staatsorgane.
2 Vgl. *Lexikon der Geschichte Russlands*; vgl. Tornow, Siegfried: *Handbuch der Text- und Sozialgeschichte Osteuropas*, S. 540 f.
3 Die Bezeichnung „Silbernes Zeitalter" wurde in Anlehnung an das „Goldene Zeitalter" der literarischen Epoche der Puškin-Zeit gewählt.
4 Vgl. *Lexikon der Geschichte Russlands*, S. 346 f.; vgl. *Lexikon der russischen Kultur*, S. 407-409.
5 Vgl. Schmid, Ulrich: *Russische Religionsphilosophen des 20. Jahrhunderts*, S. 18; vgl. Dahm, Helmut / Ignatov, Assen: *Geschichte der philosophischen Traditionen Osteuropas*, S. 109 f.
6 Vgl. Hagemeister, Michael: *Pavel Aleksandrovic Florenskij und sein Versuch einer ganzheitlichen Weltanschauung*, S. 80-105; vgl. Werner, Ulrich: *Pavel Florenskij: Lebensspuren*, S. 7-43, vgl. Schultze, Bernhard: *Russische Denker*, S. 319 f.
7 Florenskij, Pavel: *Der Pfeiler und die Grundfeste der Wahrheit*; zit. nach Schmid, Ulrich: *Russische Religionsphilosophen des 20. Jahrhunderts*, S. 228.
8 Florenskij, Pavel: *Der Pfeiler und die Grundfeste der Wahrheit*; zit. nach Schmid, Ulrich: *Russische Religionsphilosophen des 20. Jahrhunderts*, S. 228.
9 Lenz, Hans-Joachim: *Das Ende des Dualismus*, S. 15.
10 Florenskij, Pavel: *Der Pfeiler und die Grundfeste der Wahrheit*, S. 136.

11 Vgl. Lenz, Hans-Joachim: *Das Ende des Dualismus*, S. 16: *„Das LEBEN tritt in das SEIN und sagt: „ICH BIN!" Der Lebenshauch des Anfangs erschafft das SEIENDE."*
12 Florenskij, Pavel: *Der Pfeiler und die Grundfeste der Wahrheit,* in: Bubnoff, N. v. / Ehrenberg, H. (Hrsg.): *Östliches Christentum*, Bd. 2, S. 136.
13 Florenskij, Pavel: *Der Pfeiler und die Grundfeste der Wahrheit,* in: Bubnoff, N. v. / Ehrenberg, H. (Hrsg.): *Östliches Christentum*, Bd. 2, S. 136.
14 Lenz, Hans-Joachim: *Das Ende des Dualismus*, S. 16.
15 Florenskij, Pavel: *Der Pfeiler und die Grundfeste der Wahrheit,* in: Bubnoff, N. v. / Ehrenberg, H. (Hrsg.): *Östliches Christentum*, Bd. 2, S. 150.
16 Florenskij, Pavel: *Der Pfeiler und die Grundfeste der Wahrheit*, in: Bubnoff, N. v. / Ehrenberg, H. (Hrsg.): *Östliches Christentum*, Bd. 2, S. 136.
17 Florenskij, Pavel: *Der Pfeiler und die Grundfeste der Wahrheit*, in: Bubnoff, N. v. / Ehrenberg, H. (Hrsg.): *Östliches Christentum*, Bd. 2, S. 139.
18 Florenskij, Pavel: *Der Pfeiler und die Grundfeste der Wahrheit*, in: Bubnoff, N. v. / Ehrenberg, H. (Hrsg.): *Östliches Christentum*, Bd. 2, S. 150.
19 Levickij, Sergej: *Russisches Denken: Gestalten u. Strömungen*; Bd. 2, S. 182.
20 Florenskij, Pavel: *Die Ikonostase*, S. 12.
21 Vgl. Hagemeister, Michael: *Pavel Aleksandrovič Florenskij und sein Versuch einer ganzheitlichen Weltanschauung*, S. 87 f.
22 Vgl. Schmid, Ulrich: *Russische Religionsphilosophen des 20. Jahrhunderts*, S. 187.
23 Bulgakov, Sergej: *Autobiographische Notizen*, S. 64; zit. nach Schultze, Bernhard: *Russische Denker*, S. 337 f.
24 Vgl. Goerdt, Wilhelm: *Russische Philosophie. Zugänge und Durchblicke*, S. 75. Per Dekret von Lenin wurden am 23.01.1918 alle kirchlichen Lehranstalten geschlossen.
25 Goerdt, Wilhelm: *Sophiologie*, in: *Historisches Wörterbuch der Philosophie*, Bd. 9, Sp. 1064.
26 Vgl. zur Biographie Bremer, Thomas: *Einleitung*, in: Bulgakov, Sergej: *Die orthodoxe Kirche*, S. 7-12; vgl. Schmid, Ulrich: *Russische Religionsphilosophen des 20. Jahrhunderts*, S. 187-194; vgl. Schultze, Bernhard: *Russische Denker*, S. 335-340.
27 Vgl. Bremer, Thomas: *Einleitung*, in: Bulgakov, Sergej: *Die orthodoxe Kirche*, S. 9.
28 Bulgakov, Sergej: *Bratstvo Svjatoj Sofij. Materialy i dokumenty 1923-1939*: zit. nach Schmid, Ulrich: *Russische Religionsphilosophen des 20. Jahrhunderts,* S. 193 f.
29 Vgl. Bulgakov, Sergej: *Die Weisheit Gottes. Grundzüge der Sophiologie*, S. 6 sowie 10 f.
30 Vgl. Bulgakov, Sergej: *Die Weisheit Gottes. Grundzüge der Sophiologie*, S. 9.
31 Bulgakov, Sergej: *Kosmodizee*, in: Bubnoff, N. v. / Ehrenberg, H. (Hrsg.): *Östliches Christentum*, Bd. 2, S. 206.
32 Bulgakov, Sergej: *Die Weisheit Gottes. Grundzüge der Sophiologie*, S. 13; vgl. auch S. 20.
33 Bulgakov, Sergej: *Die Weisheit Gottes. Grundzüge der Sophiologie*, S. 13.
34 Bulgakov, Sergej: *Die Weisheit Gottes. Grundzüge der Sophiologie*, S. 22.
35 Bulgakov, Sergej: *Die Weisheit Gottes. Grundzüge der Sophiologie*, S. 28.
36 Bulgakov, Sergej: *Die Weisheit Gottes. Grundzüge der Sophiologie*, S. 24.
37 Vgl. Lenz. Hans-Joachim: *Die Offenbarung*, S. 105-113.
38 Rapp, Eugenie; zit. nach Dietrich, Wolfgang (Hrsg.): *Russische Religionsdenker: Tolstoj, Dostoevski, Solov'ëv, Berdjaev,* S. 84.

39 Zur Biographie vgl. Dietrich, Wolfgang (Hrsg.): *Russische Religionsdenker: Tolstoj, Dostoevski, Solov'ëv, Berdjaev*, S. 81-85; vgl. Dahm, Helmut: *Grundzüge russischen Denkens*, S. 339-346; vgl. Schmid, Ulrich: *Russische Religionsphilosophen des 20. Jahrhunderts*, S. 95-102.

40 Vgl. Dahm, Helmut: *Grundzüge russischen Denkens*, S. 340 f.

41 Vgl. Berdjaev, Nikolaj: *Selbsterkenntnis;* zit. nach Kegler, Dietrich: *Nikolaj Berdjaev und die „russische Idee"*, S. 9.

42 Berdjaev, Nikolaj; zit. nach Kegler, Dietrich: *Nikolaj Berdjaev und die „russische Idee"*, S. 14.

43 Berdjaev, Nikolaj; zit. nach Dietrich, Wolfgang (Hrsg.): *Russische Religionsdenker: Tolstoj, Dostoevski, Solov'ëv, Berdjaev*, S. 104.

44 Vgl. Berdjaev, Nikolaj; zit. nach Levickij, Sergej: *Russisches Denken*, Bd. 2, S. 168.

45 Berdjaev, Nikolaj; zit. nach Schmid, Ulrich: *Russische Religionsphilosophen des 20. Jahrhunderts*, S. 96 f.

46 Berdjaev, Nikolaj; zit. nach Dietrich, Wolfgang (Hrsg.): *Russische Religionsdenker: Tolstoj, Dostoevski, Solov'ëv, Berdjaev*, S. 130.

„Wenn wir die Zeichen der Zeit richtig deuten, so merken wir und können wir es nicht übersehen, daß wir in einem großen geistesgeschichtlichen Umbruch stehen. Das Zeitalter des Materialismus und Mechanismus, des Patriarchalismus und der rationalistischen Aufklärung und ihrer tristen Folgen geht zu Ende. Die Menschen kehren sich davon ab, aus dem dadurch entstehenden Vakuum bricht ein neues Bedürfnis nach neuen Inhalten und Paradigmen, nach weiteren Horizonten auf; eine neue Aufklärung, die neugnostische und neuromantische, ist im vollen Gange."

Thomas Schipflinger 1988

Ein Wort der Stiftung

Dank sei all jenen für die Erschließung bedeutender Kulturbeiträge von Menschen im Osten Europas, die durch Völker trennende Sprachunterschiede im Bewusstsein der westlichen Europäer ins Abseits geraten sind.

Die Autorin hatte bereits mit ihrem im Jahre 2014 erschienenen Buch *Mutter oder Göttin* zur frühzeitlichen Kultur im Osten Europas die Grundlage für ein Verständnis geschaffen, wie sich auf einem Boden mütterlicher Kultur eine Welt-Sicht entfalten kann, die sich von kulturellen Ausprägungen im Westen Europas grundsätzlich unterscheidet.

So ist es nicht hoch genug zu bewerten, dass sich in Jacqueline Mischer ein Mensch mit einem Herz für Russland gefunden hat, der die getrennt erscheinenden als Blüten einer gemeinsamen europäischen Kultur darzustellen vermochte. Der Autorin dankt die Stiftung in besonderer Weise dafür, dass sie Gelegenheit hatte, diesen besonderen Beitrag zu Kultur allgemein und zur Versöhnung von Kulturbereichen im Besonderen durch Förderung und Publikation unterstützen zu können.

Hans-Joachim Lenz

Dr.-Ing. Hans-Joachim Lenz — Mainz, im Januar 2017
Stifter und Vorstand

Dr.-Ing.-Hans-Joachim-Lenz-Stiftung
Stiftung zur Erneuerung geistiger Werte

Es genügt nicht, nur zu sein,
du musst schon Spuren hinterlassen,
um nicht nur gewesen zu sein.

HJL

LITERATURVERZEICHNIS

Aitzetmüller, Rudolf: *Das Hexaemeron des Exarchen Johannes*, Akademische Druck- und Verlagsanstalt, Graz 1958-1971.

Albert, Karl: *Einführung in die philosophische Mystik*, Wiss. Buchges., Darmstadt 1996.

Ammann, A. M.: *Darstellung und Deutung der Sophia im vorpetrinischen Rußland*, in: *Orientalia christtiana periodica*, IV. Bd., Roma 1938, S. 119-156.

Angelov, Bonjo St.: *Kyrill und Method*, Press, Sofia 1969.

Apokryphe Evangelien aus Nag Hammadi. Vollständige Texte neu formuliert und kommentiert von Konrad Dietzfelbinger, 3. Aufl., Dingfelder, Andechs 1991.

Arsen'ev, Nikolaj: *Das heilige Moskau*, Schöningh, Paderborn 1940.

Arsen'ev, Nikolaj: *Ostkirche und Mystik*, 2. Aufl., München 1943.

Avenarius, Alexander: *Die byzantinische Kultur und die Slaven*, Oldenbourg, Wien 2000.

Bail, Ulrike u. a. (Hrsg.): *Bibel in gerechter Sprache*, 3. Aufl., Gütersloher Verlagshaus, Gütersloh 2007.

Belkin, Dmitrij: *Die Rezeption V.S. Solov'evs in Deutschland*, Diss., Univ. Tübingen 2000.

Benz, Ernst: *Geist und Leben der Ostkirche*, Rowohlt, Hamburg 1957.

Benz, Ernst: *Geist und Leben der Ostkirche*, 2. Aufl., Fink, München 1971.

Berdjaev, Nikolaj: *Die Weltanschauung Dostoevskijs,* Becksche, München 1924.

Berdjaev, Nikolaj: *Die Russische Idee*, Richarz, Sankt Augustin 1983.

Besobrasof, Marie: *Handschriftliche Materialien zur Geschichte der Philosophie in Russland*, Fock, Leipzig 1892.

Beyme, Klaus von: *Politische Theorien in Russland 1789-1945*, Westdeutscher, Wiesbaden 2001.

Biedermann, Hans: *Knaurs Lexikon der Symbole*, Droemer Knaur, München 1989.

Birkenfellner, Gerhard (Hrsg.): *Millennium Russiae Christianae: 988-1988*, Böhlau, Köln 1993.

Bubnoff, Nikolai von / Ehrenberg, Hans (Hrsg.): *Östliches Christentum*, 2. Bd., Beck, München 1925.

Bulgakov, Sergej N.: *Die Orthodoxie: die Lehre der orthodoxen Kirche*, Übers. und eingel. von Thomas Bremer, Paulinus, Trier 1996 (1932).

Bulgakov, Sergej A.: *Die Weisheit Gottes. Grundzüge der Sophiologie. Deutsche Übersetzung von Xenia Werner.* Erstmals auf Englisch publiziert, New York und London 1937.

Byčkov, Viktor: *Betrachtungen zur Genesis der symbolisch-didaktischen Ikonen in Rußland vom Ende des 15. bis zum 16. Jahrhundert*, in: Felmy, Karl C. / Haustein-Bartsch, Eva (Hrsg.): *Die Weisheit baute ihr Haus*, Dt. Kunstverlag, München und Berlin 1999.

Čiževskij, Dmitrij: *Das heilige Rußland. 10.–17. Jahrhundert. Russische Geistesgeschichte I*, Rowohlt, Hamburg 1959.

Čiževskij, Dmitrij: *Rußland zwischen Ost und West. Russische Geistesgeschichte II*, Rowohlt, Reinbeck 1961.

Čiževskij, Dmitrij: *Russische Geistesgeschichte*, 2. Aufl., Fink, München 1974.

Čiževskij, Dmitrij: *Skovoroda: Dichter, Denker, Mystiker*, Fink, München 1974.

Čiževskij, Dmitrij / Groh, Dieter (Hrsg.): *Europa und Russland*, Wissenschaftliche Buchgesellschaft, Darmstadt 1959.

Dahm, Helmut: *Grundzüge russischen Denkens,* Berchmans, München 1979.

Dahm, Helmut / Ignatov, Assen (Hrsg.): *Geschichte der philosophischen Traditionen Osteuropas*, Wiss. Buchges., Darmstadt 1996.

Damaskos, Johannes von: *Philosophisches Kapitel*, Hiersemann, Stuttgart 1982.

Das neue Testament (nach der Übersetzung Martin Luthers), revidierter Text 1984, Evangelische Haupt-Bibelgesellschaft, Berlin und Altenburg 1985.

Deppermann, Maria: *Experiment der Freiheit. Russische Moderne im europäischen Vergleich. Thesen zu einem Projekt*, in: *newsletter. MODERNE*, 4. Jg., September 2001, H. 2, S. 14-17.

Diers, Michaela: *Hildegard von Bingen*, 4. Aufl., Deutscher Taschenbuch Verlag, München 2002.

Dietrich, Wolfgang: *„Löscht den Geist nicht aus!" Nikolaj Berdjaevs freie christliche Philosophie*, in: Gehrke, Helmut (Hrsg.): *Dokumentation zweier Tagungen der Evangelischen Akademie Hofgeismar, 14. - 16. Juni 1991 und 18. - 20. September 1992,* Evang. Akademie, Hofgeismar 1993, S. 106-126.

Dietrich, Wolfgang: *Wandlung der Welt. Profile russischer Religionsphilosophie in der Sicht Nikolaj Berdjaev*, in: Gehrke, Helmut (Hrsg.): *Dokumentation zweier Tagungen der Evangelischen Akademie Hofgeismar, 14. - 16. Juni 1991 und 18. - 20. September 1992,* Evang. Akademie, Hofgeismar 1993, S. 141-167.

Dietrich, Wolfgang (Hrsg.): *Russische Religionsdenker: Tolstoj, Dostoevski, Solov'ëv, Berdjaev*, Kaiser, Gütersloh 1994.

Doerne, Martin: *Gott und Mensch in Dostoevskijs Werk*, Vandenhoeck & Ruprecht, Göttingen 1957.

Donnert, Erich: *Das alte Moskau*, Tusch, Wien 1976.

Donnert, Erich: *Das Kiewer Rußland*, Urania, Leipzig u. a. 1983.

Donnert, Erich: *Russland (860-1917)*, Pustet, Regensburg 1998.

Donnert, Erich / Hösch, Edgar: *Altrussisches Kulturlexikon*, Steiner, Stuttgart 2009.

Dostoevskij, Fëdor: *Gesammelte Briefe,* Piper & Co., München 1966.

Dostoevskij, Fëdor: *Sämtliche Romane und Erzählungen*, Insel, Frankfurt a. Main 1986.

Dostoevskij, Fëdor: *Die Brüder Karamasov*, 5. Aufl., Fischer, Frankfurt a. Main 2015.

Dostoevskij, Fëdor: *Russland und die Welt*, Karolinger, Leipzig 2015.

Dostoevskij, Fëdor: *Tagebuch eines Schriftstellers*, 2. Aufl., Piper, München 1972.

Dr.-Ing.-Hans-Joachim-Lenz-Stiftung (Hrsg.): *KulturForumWissen 2009: Liebe – das All-Eine*, Mainz 2010.

Düwel, Wolf (Hrsg.): *Geschichte der russischen Literatur*, 2. Bd., Aufbau, Berlin u. a. 1986.

Ehmer, Manfred: *Die Weisheit des Westens*, Patmos, Düsseldorf 1998.

Fedosejev, Vladimir: *Die Welt der russischen Musik*, Steinbauer, Wien 2013.

Felmy, Karl C. / Haustein-Bartsch, Eva (Hrsg.): *Die Weisheit baute ihr Haus*, Dt. Kunstverlag, München und Berlin 1999.

Florenskij, Pavel: *Der Pfeiler und die Grundfeste der Wahrheit*, in: Bubnoff / Ehrenberg: *Östliches Christentum*, Bd. II, 1925, S. 28-194.

Florenskij, Pavel: *Ikonostase*, Urachhaus, 2. Aufl., Stuttgart 1990.

Franz, Norbert P. (Hrsg.): *Lexikon der russischen Kultur*, Primus, Darmstadt 2002.

Fraune, Burkhard: *Schwermut und Tiefsinn*, in: TLZ vom 04.02.2006, S. 4.

Grabar', Igor' E. (Red.): *Geschichte der russischen Kunst*, 1. Bd., Verlag der Kunst, Dresden 1957.

Gehrke, Helmut (Hrsg.): *Dokumentation zweier Tagungen der Evangelischen Akademie Hofgeismar, 14. – 16. Juni 1991 und 18. – 20. September 1992*, Evang. Akademie, Hofgeismar 1993.

George, Martin: *Mystische und religiöse Erfahrung im Denken Vladimir Solov'evs*, Vandenhoeck & Ruprecht, Göttingen 1988.

Gitermann, Valentin: *Geschichte Russlands*,1. Bd., Athenäum, Frankfurt (Main) 1987.

Göbler, Frank: Vorlesung *Kultur- und Geistesgeschichte Russlands,* Wintersemester 2015/2016 (unveröffentlicht).

Göbler, Frank: Vorlesung *Russische Literaturgeschichte II*, Sommersemester 2016 (unveröffentlicht).

Goerdt, Wilhelm: *Vergöttlichung und Gesellschaft. Studien zur Philosophie von Ivan V. Kireevskij,* Harrassowitz, Wiesbaden 1968.

Goerdt, Wilhelm: *Russische Philosophie: Zugänge und Durchblicke*, Alber, Freiburg / München 1984.

Goerdt, Wilhelm: *Russische Philosophie: Texte*, Freiburg / München 1989.

Goerdt, Wilhelm: *Um das Ganze in der russischen Philosophie*, in: Gehrke, Helmut (Hrsg.): *Dokumentation zweier Tagungen der Avangelischen Akademie Hofgeismar, 14.-16. Juni 1991 und 18.-20. September 1992*, Evang. Akademie, Hofgeismar 1993, S. 8-30.

Goerdt, Wilhelm: *Gottmenschentum und Menschgotttum bei Vladimir Solov'ëv und Fëdor M. Dostojevski*, in: Gehrke, Helmut (Hrsg.): *Dokumentation zweier Tagungen der Evangelischen Akademie Hofgeismar, 14.-16. Juni 1991 und 18.-20. September 1992, Evang. Akademie*, Hofgeismar 1993, S. 31-52.

Göttner-Abendroth: *Die Göttin und ihr Heros,* 8. Aufl., Frauenoffensive, München 1988.

Golczevskij, Frank / Pickhan, Gertrud: *Russischer Nationalismus*, Vandenhoeck & Ruprecht, Göttingen 1998.

Goldt, Rainer: *Tolstojs Ringen um die Erfahrung der Wahrheit*, in: *Stimmen der Zeit*, Herder, Freiburg / Breisgau 2010, S. 734-742.

Goldt, Rainer: *Persönlichkeitskonzeption als Kritik der Moderne bei Michail Gersenzon und Pavel Florenskij*, in: Haardt, Alexander / Plotnikov, Nikolaj: *Das normative Menschenbild in der russischen Philosophie*, Lit.-verlag, Wien u. a. 2011, S. 19-32.

Goldt, Rainer: *F. M. Dostoevskij als Denker – Vermächtnis oder Verhängnis? Versuch einer Einführung*, in: Goes, Gudrun: *Jahrbuch der Deutschen Dostoevskij-Gesellschaft*, Jahrbuch 21, Sagner, München u. a. 2015, S. 11-31.

Gorodzov, W.: *Religiöse dako-sarmatische Elemente in der russischen Volkskunst*, in: *Arbeiten des Staatlichen Historischen Museums*, Ausg. 1, M., 1926, S. 7-36.

Grasshoff, Helmut: *Michail Lomonosov. Sprache und Literatur*, Halle 1962.

Grasshoff, Helmut: *Geschichte der russischen Literatur. Band 1: Von den Anfängen bis zur Mitte des 19. Jahrhunderts*, Aufbau, Berlin und Weimar 1986.

Gudzij, Nikolaj K.: *Geschichte der russischen Literatur 11. bis 17. Jahrhundert*, Niemeyer, Halle 1959.

Haardt, Alexander / Plotnikov, Nikolaj: *Das normative Menschenbild in der russischen Philosophie*, Lit.-Verlag, Wien u. a. 2011.

Hagemeister, Michael: *Pavel Aleksandrovic Florenskij und sein Versuch einer ganzheitlichen Weltanschauung*, in: Gehrke, Helmut (Hrsg.): *Dokumentation zweier Tagungen der Evangelischen Akademie Hofgeismar, 14. - 16. Juni 1991 und 18. - 20. September 1992*, Evang. Akademie, Hofgeismar 1993, S. 80-105.

Harreß, Birgit: *Fëdor Dostoevskij: Brat'ja Karamazovy*, in: Zelinsky, Bodo (Hrsg.): *Der russische Roman,* Köln , 2007, S. 274-298.

Henrich, Dieter (Hrsg.): *All-Einheit,* Klett-Cotta, Stuttgart 1985.

Herrigel, Eugen: *Zen in der Kunst des Bogenschiessens,* Barth, o. O. 1999.

Hildermeier, Manfred: *Geschichte Russlands*, Beck, München 2013.

Hofbauer, Hannes: *Feindbild Russland*, Promedia, Wien 2016.

Hoffmeister, Johannes (Hrsg.): *Wörterbuch der philosophischen Begriffe*, 2. Aufl., Meiner, Hamburg 1955.

Holzbauer, Matthias: *Verfolgte Gottsucher. Der Strom des Urchristentums in der Geschichte*, Das weiße Pferd, Marktheidenfeld 2004.

Holzey, Helmut / Mudroch, Vilem: *Die Philosophie des 18. Jahrhunderts*, in: Holzey, Helmut (Hrsg.): *Grundriss der Geschichte der Philosophie*, 5. Bd., Schwabe, Basel 2014, S. 1619-1646.

Ivanov, Vladimir: *Russland und das Christentum*, IKO, Frankfurt a. M. 1995.

Ivantsov, Dmitrij: *Russische Idee: Transfer ins XXI. Jahrhundert*, Meine, Leipzig 2008.

Jens, Walter (Hrsg.): Kindlers neues Literaturlexikon, 20 Bd., Kindler, München 1988-1992.

Kämpfer, Frank: *Von heidnischer Bildwelt zur christlichen Kunst*, in: Birkenfellner, Gerhard (Hrsg.): *Millennium Russiae Christianae: 988-1988*, Böhlau, Köln 1993, S. 109-136.

Kappeler, Andreas: *Russland als Vielvölkerreich,* Beck, München 2001.

Karenovics, Ilja: *Weisheitsfreunde*, Ripperger & Kremers, Berlin 2015.

Kasack, Wolfgang: *Russische Autoren in Einzelporträts*, Reclam, Stuttgart 1994.

Kasack, Wolfgang: *Christus in der russischen Literatur*, Urachhaus, Stuttgart 2000.

Kasack, Wolfgang: *Der Tod in der russischen Literatur.* Hrsg. von Frank Göbler, Sagner, München 2005.

Kegler, Dietrich: *Nikolaj Berdjaev und die „russische Idee"*, in: Berdjaev, Nikolaj: *Die Russische Idee*, St. Augustin, Richarz 1983, S. 9-26.

Kireevskij, Ivan V.: *Russlands Kritik an Europa*, Frommanns, Stuttgart 1923.

Kireevskij, Ivan V.: *Russland und Europa*, Klett, Stuttgart 1948.

Knigge, Armin: *Die Lyrik Vl. Solov'evs und ihre Nachwirkung bei A. Belyj und A. Blok*, Hakkert, Amsterdam 1973.

Kohler, Friedemann: *Menschenseelen in extremen Lagen,* in: TLZ vom 04.02.2006, S. 4.

Kuße, Holger: *Sollen zwischen Nikolaj Fedorov und Lev Tolstoj. Normformulierungen in der russischen Philosophie*, in: Haardt, Alexander / Plotnikov, Nikolaj: *Das normative Menschenbild in der russischen Philosophie*, Lit.-verlag, Wien u .a. 2011, S. 169-191.

Lazarev, Viktor N.: *Andrej Rublëv*, Sovetskij Chudožnik, Moskva 1960.

Lazarev, Viktor N.: *Theophanes der Grieche*, Schroll & Co., Wien und München 1968.

Lauer, Reinhard: *Geschichte der russischen Literatur*, Beck, München 2009.

Lauth, Reinhard: *„Ich habe die Wahrheit gesehen.": Die Philosophie Dostoevskijs*, Piper & Co., München 1950.

Lebedeva, Ekaterina: *Russische Träume*, Frank & Timme, Berlin 2008.

Lenz, Hans-Joachim: *Die Offenbarung*, Mainz 2001.

Lenz, Hans-Joachim: *Das Ende des Dualismus. Von Liebe, Leben, Leid und Schuld,* Mainz 2010.

Levickij, Sergej A.: *Russisches Denken: Gestalten u. Strömungen*, Bd. 1 *Von den Anfängen bis zu Vladimir Solov'ëv*, Lang, Frankfurt a. M. 1984.

Levickij, Sergej A.: *Russisches Denken*, Bd. 2, Lang, Frankfurt a. M. 1984.

Lilienfeld, Fairy v.: *Nil Sorskij und seine Schriften*, Evangelische Verlagsanstalt, Berlin 1963.

Lilienfeld, Fairy v.: *Sophia – Die Weisheit Gottes. Gesammelte Aufsätze 1983-1995*, OIKONOMIA, Erlangen 1997.

Litschev, Alexander / Dietrich, Kegler: *Die Philosophie der Innerlichkeit. Zum Selbstverständnis der russischen Philosophie*, in: *Der Blaue Reiter*, 20. Bd. (2005), S. 98-102.

Lomonosov, Michail V.: *Ausgewählte Schriften. Band 1 und 2*, Akademie, Berlin 1961.

Losskij, Nikolaj: *Wesensmerkmale der russischen Philosophie*, in: *Deutsche Zeitschrift für Philosophie* 43 (1995) 1, S. 55-62.

Luther, Arthur: *Geschichte der russischen Literatur*, Leipzig 1924.

Luther, Martin: *Biblia. Die ganze heilige Schrift des Alten und des Neuen Testaments*, Endters, Nürnberg MDCCXVI.

Meyers kleines Lexikon Philosophie, Bibliographisches Institut, Mannheim u. a. 1987.

Milner-Gulland, Robin / Dejevsky, Nikolai: *Russland*, Bechtermünz, Augsburg 1998.

Mischer, Jacqueline: *Solov'ëv – Der Sinn der Liebe*, in: *KulturForum-Wissen 2009*, S. 49-65.

Mischer, Jacqueline: *Mutter oder Göttin. Frühzeitliche Kultur im Osten Europas,* Dr.-Ing.-Hans-Joachim-Lenz-Stiftung, Mainz 2014.

Morozov, Aleksandr A.: *Michail V. Lomonosov 1711-1765*, Rütting & Loening, Berlin 1954.

Müller, Ludolf: *Das religionsphilosophische System Vladimir Solov'evs*, Evangelische Verlagsanstalt, Berlin 1956.

Müller, Ludolf / Wille, Irmgard (Hrsg.): *Deutsche Gesamtausgabe. Ergänzungsband: Solov'evs Leben in Briefen und Gedichten*, Wewel, München 1977. (zit. DG Ergänzungsband)

Müller, Ludolf: *Materialien zu einem russisch-deutschen Wörterbuch der philosophischen Terminologie Vladimir Solov'evs*, Slavisches Seminar, Tübingen 1987.

Müller, Ludolf: *Dostoevskij*, Wewel, München 1990.

Müller, Ludolf (Hrsg.): *Die Nestorchronik*. Ins Deutsche übersetzt von Ludolf Müller, Fink, München 2001.

Müller, Ludolf: *Die Religion Tolstojs und sein Konflikt mit der Russischen Orthodoxen Kirche,* in: Pingera, Karl: *Russische Religionsphilosophie und Theologie um 1900*, Elwert, Marburg 2005, S. 1-9.

Neumann, Erich: *Die Große Mutter. Die weiblichen Gestaltungen des Unbewussten*, 11. Aufl., Patmos, Düsseldorf 2003 (1956).

Nikolaou, Theodor: *Die Ikonenverehrung als Beispiel ostkirchlicher Theologie und Frömmigkeit nach Johannes von Damaskos,* in: *Ostkirchliche Studien*, 25. Band, Augustinus, Würzburg 1976, S. 138-165.

Nossowa, Natalija: *Russland in kleinen Geschichten*, 6. Aufl., Deutscher Taschenbuch Verlag, München 2002.

Oljančyn, Domet: *Hryhorij Skoworoda 1722-1794*, Ost-Europa, Berlin 1928.

Onasch, Konrad: *Lexikon Liturgie und Kunst der Ostkirche*, Berlin / München 1993.

Onasch, Konrad: *Die alternative Orthodoxie: Utopie und Wirklichkeit im russischen Laienchristentum des 19. und 20. Jahrhunderts*, Schöningh, Paderborn u. a. 1993.

Onasch, Konrad / Schnieper, Annemarie: *Ikonen,* Bassermann, München 2007.

Ortega y Gasset, José: *Über die Liebe*, Heyne, München 1978.

Osterrieder, Markus: *Das Land der Heiligen Sophia. Das Auftauchen des Sophia-Motivs in der Kultur der Ostslaven,* in: *Wiener Slawistischer Almanach,* 50 (2002), S. 5-62.

Philosophisches Wörterbuch, 22. Aufl., Kröner, Stuttgart 1991.

Radloff, Eugen von: *Russische Philosophie*, Hirt, Breslau 1925.

Reallexikon für Antike und Christentum, Hiersemann, Stuttgart 1983.

Redepenning, Dorothea: *Geschichte der russischen und der sowjetischen Musik,* Bd. 1, Laaber, Laaber 1994.

Riasanovsky, Nikolaj V.: *Russland und der Westen. Die Lehre der Slavophilen*, Isar, München 1954.

Ritter, Joachim u. a. (Hrsg.): *Historisches Wörterbuch der Philosophie*, Bd. 1-12, Wiss. Buchges., Darmstadt 1971-2004.

Rose, Karl: *Grund und Quellort des russischen Geisteslebens*, Kreuz, Halle (Saale) 1956.

Rybakov, Boris A.: *Die Kunst der alten Slawen*, in: Grabar', Igor' E. (Red.): *Geschichte der russischen Kunst*, 1. Bd., Verlag der Kunst, Dresden 1957, S. 23-58.

Рябов, О. В., Русская философия женственности (XI-XX века), Издательский центр «Юнона», Иваново 1999.

Schäder, Hildegard: *Sobornost in den Schriften von A. Chomjakov*, in: *Kyrios*, VII. Bd., (1967), 3/4, S. 256-258.

Schipflinger, Thomas: *Sophia – Maria*, Pomaska-Brand, Schalksmühle 2013.

Schmid, Ulrich: *Russische Religionsphilosophen des 20. Jahrhunderts*, Herder, Freiburg / Basel / Wien 2003.

Schmid, Ulrich: *Lev Tolstoj*, Beck, München 2010.

Schramm, Gottfried: *Die Herkunft des Namens Rus'*, Harrassowitz, Wiesbaden 1982.

Schultze, Bernhard: *Russische Denker*, Wien 1950.

Schultze, Bernhard: *Die Sozialprinzipien in der russischen Religionsphilosophie*, in: *Zeitschrift für katholische Theologie*, 73. Bd. (1951), Heft 4, S. 385-423.

Schultze, Bernhard: *Maksim Grek als Theologe, Pont. Institutum Orientalium Studiorum*, Rom 1963.

Sinjavskij, Andrej D.: *Ivan der Dumme. Vom russischen Volksglauben*, Fischer, Frankfurt 1990.

Sinkler, Lorraine: *Der geistige Lebensweg von Joel S. Goldsmith*, Schwab, Schopfheim 1978.

Skovoroda, Hryhorij: *Ausgewählte Werke. Eingeleitet und übersetzt aus dem Altukrainischen von Roland Pietsch*, Ukrainische Freie Universität München, 2013.

Smolič, Igor: *Westler und Slavophile in der neueren Forschung*,Teil 1, in: *Zeitschrift für Slavische Philologie*, Vol. 10 Nr. 1/2, (1933), S. 195-209.

Smolič, Igor: *Leben und Lehre der Starzen*, Hegner, Köln und Olten 1952.

Smolič, Igor: *Russisches Mönchtum. Entstehung, Entwicklung und Wesen 988-1917*, Augustinus, Würzburg 1953.

Soboleva, Maja: *Russische Philosophie im Kontext der Interkulturalität*, Traugott Bautz, Nordhausen 2007.

Solov'ëv, Vladimir: *Reden über Dostoevskij*, Wewel, München 1992.

Špidlik, Tomas: Russische Spiritualität, Pustet, Regensburg 1994.

Städtke, Klaus (Hrsg.): *Russische Literaturgeschichte*, Metzler, Stuttgart u. Weimar 2002.

Städtke, Klaus (Hrsg.): *Russische Literaturgeschichte*, 2. Aufl., Metzler, Stuttgart / Weimar 2011.

Stein, Werner: Der *große Kulturfahrplan*, Büchergilde Gutenberg, Frankfurt a. M. u. a. 1985.

Stender-Petersen, A.: *Geschichte der russischen Literatur*, München 1957.

Stepun, Fëdor: *Dostoevskij*, Pfeffer, Heidelberg 1950.

Stepun, Fëdor: *Dostoevskij und Tolstoj*, Hanser, München 1961.

Stökl, Günther: *Russische Geschichte*, 5. Aufl., Kröner, Stuttgart 1990.

Suttner, Ernst Christoph: *Offenbarung, Gnade und Kirche bei A. S. Chomjakov*, Augustinus, Würzburg 1967.

Szylkarski, Vladimir: *Solov'evs Philosophie der All-Einheit*, Kaunas 1932.

Szylkarski, Vladimir: *Solov'ëv und Dostoevskij*, in: *Stimmen der Zeit*, 73, II, 1947, 141. Bd., S. 105-120.

Szylkarski u. a. (Hrsg.): *Deutsche Gesamtausgabe der Werke von Vladimir Solov'ëv* (8 Bände), Freiburg 1953 ff. (zit. DG)

Tacitus, Cornelius: *Germania*, in: Herrmann, Joachim (Hrsg.): *Griechische und Lateinische Quellen zur Frühgeschichte Mitteleuropas bis zur Mitte des 1. Jahrtausends u. Z.*, 2. Bd., Akademie, Berlin 1990, S. 79-125.

Tetzner, Thomas: *Der kollektive Gott*, Wallstein, Göttingen 2013.

Tolstoj, Lev N.: *Sämtliche Werke*, 33 Bde., Jena 1901-1911.

Tolstoj, Lev N.: *Gesammelte Werke*, 20 Bde., Berlin 1964-1978.

Tolstoj, Lev N.: *Tagebücher (1847-1910)*, Winkler, München 1979.

Tolstoj, Lev N.: *Meine Beichte*, Diederichs, München 1990.

Tolstoj, Lev N.: *Krieg und Frieden*, 18. Aufl., Artemis & Winkler, Düsseldorf und Zürich 2004.

Tolstoj, Lev N.: Insel-Almanach auf das Jahr 2010: *Tolstoj*, Insel, Frankfurt a.M. und Leipzig 2009.

Tolstoj, Lev N.: *Der Tod des Ivan Il'ičš*, Reclam, Stuttgart 2016.

Torke, Joachim: *Lexikon der Geschichte Russlands,* Beck, München 1985.

Tornow, Siegfried: *Handbuch der Text- und Sozialgeschichte Osteuropas*, 2. Aufl., Harrassowitz, Wiesbaden 2011.

Wenzler, Ludwig: *Die Freiheit und das Böse nach Vladimir Solov'ev*, Alber, Freiburg / München 1978.

Wetter, Gustav: *Ursprünge und erste Entwicklung der russischen Philosophie*, in: Dahm, Helmut / Ignatov, Assen (Hrsg.): *Geschichte der philosophischen Traditionen Osteuropas*, Wissenschaftliche Buchgesellschaft, Darmstadt 1996.

Winkler, Martin (Hrsg.): *Slavische Geisteswelt. Russland*, Holle, Darmstadt und Genf 1955.

Wolf, Gabriela: *De Dignitate Hominis. Zum Menschenbild in der Geschichte der Pädagogik*, Dr.-Ing.-Hans-Joachim-Lenz-Stiftung, Mainz 2007.

Wolf, Gabriela: *Humanistische Mystik*, Books on Demand, Norderstedt 2010.

Wolf, Gabriela: *Plotin – Der Weg zur Einheit*, in: *KulturForumWissen* 2009, S. 9-27.

Wunderle, Georg: *Das Ideal der Brüderlichkeit*, Laumannsche Verlagsbuchhandlung, Dülmen 1949.

Zelinsky, Bodo (Hrsg.): *Der russische Roman*, Köln 2007.

Zen'kovskij, Sergej A.: *Aus dem alten Russland*, Hanser, München 1968.

Zen'kovskij, Vasilij: *Das Bild vom Menschen in der Ostkirche*, Evangelisches Verlagswerk, Stuttgart 1951.

Zen'kovskij, Vasilij V.: *Russland und Europa*. Übers. und hrsg. von Dietrich Kegler, Academia, Sankt Augustin 2012.

Abbildungsnachweis

Abb. 1: Thronende Muttergottes, Mosaik in der Hagia Sophia in Istanbul (Konstantinopel) aus dem Jahre 867
Quelle: Wikimedia CC0 1.0
(http://creativecommons.org/publicdomain/zero/1.0/deed.de)

Abb. 2: Joncev's Theorie zur Herkunft des glagolitischen Alphabets
Quelle: Wikimedia CC-BY-SA 4.0 dnik
(https://creativecommons.org/licenses/by-sa/4.0/)

Abb. 3: Die ersten vier Buchstaben des glagolitischen Alphabets in blau und grün (auch: Glagolica) und des kyrillischen Alphabets in rot (auch: Kyrillica)
Quelle: Wikimedia Commons

Abb. 4: Ein Gebet nach dem Alphabet in kyrillischer Schrift und in altkirchenslavischer Sprache, 12. Jahrhundert, Konstantin von Preslav
Quelle: Wikimedia Commons

Abb. 5: Die Kiever Rus' in den Jahren 1015-1113
Quelle: Wikimedia CC-BY-SA 2.5 Koryakov Yuri (russische Originalversion); übersetzt in die deutsche Sprache und kleine Korrekturen von KaterBegemot
(https://creativecommons.org/licenses/by-sa/2.5/deed.de)

Abb. 6: Ikone der Gottesmutter von Vladimir, Anonym, frühes 12. Jh., Tret'jakov-Galerie
Quelle: Wikimedia Commons

Abb. 7: Mosaikbild der Gottesmutter / Sophia (Oranta), Anonym, 12. Jh., Sophien-Kathedrale in Kiev, Höhe: 5,5 m
Quelle: Wikimedia Commons

Abb. 8: Das Weltreich der Mongolen
Quelle: Anette Bruckmann, mit freundlicher Genehmigung

Abb. 9: Vorderseite der Ikone von der Gottesmutter vom Don, 1390er Jahre, Theophanes der Grieche (?)
Quelle: Wikimedia Commons

Abb. 10: Christus Pantokrator auf einem Fresko, Theophanes der Grieche 1378, Kirche zur Verklärung Christi an der Iljina-Straße in Novgorod
Quelle: Wikimedia Commons

Abb. 11: Ikone Dreieinigkeit um 1411, Andrej Rublëv, Tret'jakov-Galerie, Moskau
Quelle: Wikimedia Commons

Abb. 12: Das Wachstum von Russland in den Jahren 1613-1914
Quelle: Wikimedia CC-BY-SA 3.0 Koryakov Yuri
(https://creativecommons.org/licenses/by-sa/3.0/deed.de)

Abb. 13: Ikone Gottesmutter Hodigitria von Smolensk, Dionisij 1482, Russisches Museum St. Petersburg
Quelle: Wikimedia Commons

Abb. 14: Ikone Sophia – Weisheit Gottes (София – Премудрость Божия), Zweite Hälfte 16. Jh., Sophia-Kathedrale in Novgorod, anonym
Quelle: Wikimedia Commons
Abb. 15: Hildegard von Bingen – Liber Divinorum Operum, 1165
Quelle: Wikimedia Commons
Abb. 16: Maksím Grek, 16./17. Jh., anonym
Quelle: Wikimedia Commons
Abb. 17: Michaíl V. Lomonósov
Quelle: Wikimedia Commons
Abb. 18: Grigorij S. Skovoroda
Quelle: Wikimedia Commons
Abb. 19: Ivan V. Kireevskij
Quelle: Wikimedia Commons
Abb. 20: Aleksej S. Chomjakov
Quelle: Wikimedia Commons
Abb. 21: Konstantin S. Askakov
Quelle: Wikimedia Commons
Abb. 22: Fëdor M. Dostoevskij im Jahre 1879
Quelle: Wikimedia Commons
Abb. 23: Lev N. Tolstoj von Il'ja E. Repin (1887)
Quelle: Wikimedia Commons
Abb. 24: Vladimir S. Solov'ëv von Ivan N. Kramskoj (1885)
Quelle: Wikimedia Commons
Abb. 25: Pavel A. Florenskij
Quelle: Wikimedia Commons
Abb. 26: Die Philosophen P. A. Florenskij und S. N. Bulgakov von M. Nesterov (1917)
Quelle: Wikimedia Commons
Abb. 27: Sergej N. Bulgakov
Quelle: Wikimedia CC0 1.0
(http://creativecommons.org/publicdomain/zero/1.0/deed.de)
Abb. 28: Nikolaj A. Berdjaev
Quelle: Wikimedia Commons

Die Bilder sind vermutlich urheberrechtlich geschützt. Sie werden als Bildzitat gemäß § 51 UrhG ausschließlich zur inhaltlichen Erläuterung genutzt. Volle Hinweise auf Bücher und Artikel finden sich im Literaturverzeichnis. Die Abbildungen des Werkes stammen aus mehreren Quellen und nicht immer war es möglich, den entsprechenden Rechteinhaber ausfindig zu machen. Die Autorin entschuldigt sich für etwaige nicht beabsichtigte Fehler und würde in einem solchen Fall die fehlende Angabe in einer späteren Auflage nachreichen.

Abkürzungsverzeichnis

Aufl.	–	Auflage
Bd.	–	Band
DG	–	Deutsche Gesamtausgabe der Werke Vladimir Solov'ëvs
Diss.	–	Dissertation
dt.	–	deutsch
eingl.	–	eingeleitet
grch.	–	griechisch
H.	–	Heft
hebr.	–	hebräisch
Hrsg.	–	Herausgeber
Jg.	–	Jahrgang
Jh.	–	Jahrhundert
Joh.	–	Johannes-Evangelium
Jt.	–	Jahrtausend
Kap.	–	Kapitel
lat.	–	lateinisch
Lc.	–	Evangelium nach Lucas
Mc.	–	Evangelium nach Marcus
Mt.	–	Evangelium nach Matthäus
n. d. Zt.	–	nach der Zeitenwende
o. O.	–	ohne Ort
o. V.	–	ohne Verfasser
russ.	–	russisch
S.	–	Seite
u.U.	–	unter Umständen
v. d. Zt.	–	vor der Zeitenwende
vgl.	–	vergleiche
zit.	–	zitiert

Transliteration

Für die buchstabengetreue Umsetzung der kyrillischen Schrift in lateinische Buchstaben wird die wissenschaftliche Umschrift (Transliteration) verwendet. Gemäß Lexikon der russischen Kultur gilt für die Aussprache:

„C = [ts] wie in Zeit
Č = [tsch] wie in Peitsche
Ë = [jo] [. . .]
' = erweicht (jotiert) den vorhergehenden Konsonanten, z. B. t' [tj]
S = stimmloses [s] wie in reißen
Š = [sch] wie in rauschen
Šč = [schtsch]
Z = stimmhaftes [s] wie in reisen
Ž = wie in frz. Journal" 1

---

1 Lexikon der russischen Kultur, S. 7 f.

EINE STIFTUNG zur Erneuerung geistiger Werte

Die Dr.-Ing.-Hans-Joachim-Lenz-Stiftung wurde 2002 als rechtsfähige öffentliche Stiftung des bürgerlichen Rechts mit Sitz in Mainz gegründet. Sie verfolgt ausschließlich und unmittelbar gemeinnützige Zwecke.

Im Wege der finanziellen Unterstützung fördert sie innovative und modellhafte Projekte auf den Gebieten der Bildung und Erziehung mit dem Ziel der Erneuerung geistiger Werte. Als Impulsgeber und Motor für dauerhafte und nachhaltige Konzepte konzentriert sie sich auf die junge Generation. Jugendliche für das Leben zu befähigen, an Werte des Geistes, an Würde, Freiheit und Toleranz zu erinnern, ist ihre höchste Aufgabe. Sie will Menschen begleiten vom Kindesalter bis zur Berufsreife, ohne soziale, politische, religiöse Unterscheidung im Sinne des Grundgesetzes. Die Themen der Stiftung sind:

Bildung
Hebung des kulturellen Niveaus
Erweiterung des allgemeinen Wissens
Zusammenführung von Geistes- und Naturwissenschaften
Persönlichkeitsentfaltung
Erneuerung eines humanistischen Menschenbildes

Erziehung
Entwicklung und Erprobung neuer Lehr- und Lernmethoden durch
- Spielendes Lernen
- Lernen durch Vorbild
- Wissenserwerb statt Wissensvermittlung

Sprache
Erhaltung und Stärkung der deutschen Sprache
Erweiterung und Pflege des Wortschatzes
Sprachliche Ausdrucksformen in Literatur und Poesie
Persönlichkeitsentfaltung durch Sprache, denn:

Mit unserer Sprache sind wir ein Leben lang unterwegs.

Die Förderung von Projekten im Sinne der Stiftungsziele wird aus Spendenmitteln finanziert. Die Akzeptanz der Stiftungsziele und des Förderprogramms drücken Spender mit ihren finanziellen Beiträgen aus. Wir freuen uns über jede Zuwendung:

Mainzer Volksbank IBAN DE29 5519 0000 0004 0040 40, BIC MVBMDE55

DR.-ING.-HANS-JOACHIM-LENZ-STIFTUNG
STIFTUNG ZUR ERNEUERUNG GEISTIGER WERTE

Am Michelsberg 1, D-55131 Mainz, Tel. 06131-832255, Fax 06131-85534
E-Mail: info@lenz-stiftung-mainz.de, www.lenz-stiftung-mainz.de

EDITION

ERNEUERUNG GEISTIGER WERTE

Dr.-Ing.-Hans-Joachim-Lenz-Stiftung

In der Edition werden Forschungsergebnisse und Modellprojekte aus dem Förderprogramm der Dr.-Ing.-Hans-Joachim-Lenz-Stiftung im Sinne der Nachhaltigkeit und Gemeinnützigkeit publiziert.

Band 1 - Die heilige Stadt
Eine Vision am Beispiel der Stadt Mainz
von Hans-Joachim Lenz,
56 Seiten, broschiert, € 8,80
ISBN 978-3-938088-00-5

Band 2 - Am Anfang waren die Werte
Plädoyer für eine Neuorientierung in der Erziehung von Kindern und Jugendlichen
von Gabriela Wolf
132 Seiten, broschiert, € 13,80
ISBN 978-3-938088-01-2

Band 3 - Leben ist Spiel
Eine Ferienwoche als Lebensschule
von Gabriela Wolf mit Christine Bredenhöller, Andrea Heck, Angelika Humann, Margit Kluge, Reinhild Michel, Sonja Wagener, Heidi Wiehr, reich bebildert.
192 Seiten, broschiert, € 25,00
ISBN 978-3-938088-02-9

Band 13 - De Dignitate Hominis
Zum Menschenbild in der Geschichte der Pädagogik
von Gabriela Wolf
160 Seiten, broschiert, € 13,80
ISBN 978-3-938088-09-8

Band 14 - Handeln als gelebter Wert
Aus Hannah Arendts Leben und Werk
von Patricia Rehm
146 Seiten, broschiert, € 12,80
ISBN 978-3-938088-15-9

Band 15 - KulturForumWissen 2007
„Wir sind auf dem Weg."
Ein Menschenbild zwischen Geist und Materie
von Hans-Joachim Lenz
52 Seiten, broschiert, € 5,80
ISBN 978-3-938088-16-6

Band 18 - Das Tagebuch
Ein Medium zur Selbstreflexion
von Sabine Gruber
122 Seiten, broschiert, € 10,80
ISBN 978-3-938088-19-7

Band 19 - Leben ist Spiel II
Eine Ferienwoche als Lebensschule in Overath
von Petra Ehrler u. a., reich bebildert
158 Seiten, broschiert, € 14,90
ISBN 978-3-938088-21-0

Band 20 - KulturForumWissen 2008
Vergessene Werte – Von den Wurzeln der Kultur
239 Seiten, broschiert, € 22,90
ISBN 978-3-938088-22-7

Band 21 - KulturForumWissen 2009
Liebe – das All-Eine
173 Seiten, broschiert, € 16,80
ISBN 978-3-938088-24-1

Band 22 - Das vergessene Wort IV
Vom Reichtum der deutschen Sprache am Elisabeth-Gymnasium, Marburg, und an der Freien Waldorfschule, Marburg
von Katrin Bibiella mit Angelika Humann
127 Seiten, broschiert, € 11,80
ISBN 978-3-938088-25-8

Band 23 - Das Hohelied vom Menschen
Eugen Finks Deutung der menschlichen Existenz
von Angelika Humann
85 Seiten, broschiert, € 8,80
ISBN 978-3-938088-26-5

Band 24 - KulturForumWissen 2010
Menschen, die die Welt bewegten
167 Seiten, broschiert, € 16,80
ISBN 978-3-938088-27-2

Band 25 - Musikalischer Spielraum
Frühbildung mit Wort, Klang und Bewegung
von Melanie Ries und Petra Ehrler
76 Seiten, broschiert, € 12,90
ISBN 978-3-938088-28-9

Band 26 - KulturForumWissen 2011
Menschen, die die Welt bewegten
181 Seiten, broschiert, € 18,80
ISBN 978-3-938088-29-6

Band 27 - Das vergessene Wort V
Vom Reichtum der deutschen Sprache am Kaiserin-Friedrich-Gymnasium, Bad Homburg
von Katrin Bibiella mit Angelika Humann
142 Seiten, broschiert, € 14,90
ISBN 978-3-938088-30-2

Band 28 - Des Wortes sanfte Macht
Salongespräche
von Ariane Martin
122 Seiten, broschiert, € 13,80
ISBN 978-3-938088-31-9

Band 29 - Das vergessene Wort VI
Vom Reichtum der deutschen Sprache
am Pädagogium Bad Sachsa
von Katrin Bibiella
98 Seiten, broschiert, € 11,90
ISBN 978-3-938088-32-6

Band 30 - Das vergessene Wort VII
Vom Reichtum der deutschen Sprache
am Ratsgymnasium Minden
von Angelika Humann
105 Seiten, broschiert, € 10,90
ISBN 978-3-938088-33-3

Band 31 - KulturForumWissen 2012
Soziale Modelle – Poesie des Lebens?
187 Seiten, broschiert, € 19,90
ISBN 978-3-938088-34-0

Band 32 - Briefe – Zeugnisse deutscher Sprachkultur
Von den Anfängen bis zur Gegenwart
von Katrin Bibiella
171 Seiten, broschiert, € 19,90
ISBN 978-3-938088-35-7

Band 33 - KulturForumWissen 2013
Menschen, die den Weg ins Ungewisse wagten
180 Seiten, broschiert, € 21,90
ISBN-13 978-3-938088-36-4

Band 34 - Mutter oder Göttin
Frühzeitliche Kultur im Osten Europas
von Jaqueline Mischer
175 Seiten, broschiert, € 17,90,
ISBN 978-3-938088-37-1

Band 35 - Das vergessene Wort in Heilbronn
Vom Reichtum der deutschen Sprache
am Robert-Mayer-Gymnasium Heilbronn
von Angelika Humann
115 Seiten, broschiert, € 12,90
ISBN 978-3-938088-38-8

Band 36 - Der Gral bei Wolfram von Eschenbach und Richard Wagner
Metamorphosen eines Motivs
von Liliana Emilia Dumitriu
244 Seiten, broschiert € 22,80
ISBN 978-3-938088-39-5

Band 37 - Das vergessene Wort in Würzburg
Vom Reichtum der deutschen Sprache
von Angelika Humann
112 Seiten, broschiert € 12,90
ISBN 978-3-938088-40-1

Band 38 - KulturForumWissen 2014
Die großen Komödianten
176 Seiten, broschiert € 18,90
ISBN 978-3-938088-41-8

Band 39 - Das vergessene Wort in Hanau
Vom Reichtum der deutschen Sprache
von Angelika Humann
108 Seiten, broschiert, € 10,90
ISBN 978-3-938088-42-5

Band 40 - KulturForumWissen 2015
Menschen, die die Welt beherrschen wollten
– eine kritische Betrachtung
156 Seiten, broschiert € 18,90
ISBN 978-3-938088-43-2

Band 41 - Das vergessene Wort in Heilbronn II
Vom Reichtum der deutschen Sprache
von Angelika Humann
100 Seiten, broschiert, € 11,90
ISBN 978-3-938088-44-9

Band 42 - Das wache Auge
leben ist wahrnehmen
von Sonja Schmitz
56 Seiten, broschiert, € 11,50
ISBN 978-3-938088-45-6

Band 43 - Die offenen Öhrchen
Musikalische Frühförderung in Hürth
von Marianne Quast
42 Seiten, broschiert, € 8,90
ISBN 978-3-938088-46-3

Band 44 - Das vergessene Wort in Buchen
Vom Reichtum der deutschen Sprache
von Angelika Humann
86 Seiten, broschiert, € 9,90
ISBN 978-3-938088-47-0

Band 45 - Die offenen Öhrchen – Musikalische Frühförderung in Bedburg
von Marianne Quast
36 Seiten, broschiert, € 8,90
ISBN 978-3-938088-48-7

Weitere Projekte siehe:
www.lenz-stiftung-mainz.de